Mikrobangų Keptuvės Paslaptys

Skanus ir Greitas Maisto Gaminimas

Viktorija Petraitė

Turinys

Paella

Tarnauja 6

1 kg/2¼ svaro vištienos krūtinėlės be kaulų

30 ml/2 šaukštai alyvuogių aliejaus

2 svogūnai, susmulkinti

2 česnako skiltelės, susmulkintos

1 žalia (bulgarų) paprika, išskobta ir susmulkinta

225 g/8 uncijos/1 puodelis rizoto ryžių

1 pakelis šafrano miltelių arba 5 ml/1 šaukštelis ciberžolės

175 g/6 uncijos/1½ puodelio šaldytų žirnelių

4 pomidorai, blanširuoti ir nulupti

225 g / 8 uncijos virtos midijos

75 g / 3 uncijos / ¾ puodelio virto kumpio, kubeliais

125 g / 4 uncijos / 1 puodelis nuluptų krevečių (krevečių)

600 ml/1 pt/2½ stiklinės verdančio vandens

7,5–10 ml/1½–2 šaukšteliai druskos

Papildomai virtos midijos, virtos krevetės ir citrinos skiltelės

papuošimui

Vištieną išdėliokite aplink 25 cm/10 skersmens troškinimo indo kraštą (olandiška orkaitė), palikdami centre skylę. Uždenkite lipnia plėvele (plastikine plėvele) ir du kartus perpjaukite, kad išeitų garai. Kepkite iki galo 15 minučių. Nupilkite skystį ir pasilikite. Vištieną supjaustykite kubeliais. Nuplaukite ir išdžiovinkite indą. Supilkite aliejų į indą ir kaitinkite ant Full 1 minutę. Įmaišykite svogūnus, česnaką ir žaliąją papriką. Virkite neuždengę ant pilnos ugnies 4 minutes. Sudėkite visus likusius ingredientus su vištiena ir rezervuotu skysčiu, gerai išmaišykite. Uždenkite kaip anksčiau ir virkite ant Full 20 minučių, tris kartus apversdami indą. Leiskite pastovėti orkaitėje 10 minučių, tada kepkite dar 5 minutes. Atidenkite ir papuoškite midijomis, krevetėmis ir citrinos skiltelėmis.

Paella su Pimientos

Tarnauja 6

Paruoškite kaip ir paeliją, bet, jei pageidaujate, atsisakykite midijų ir kitų jūros gėrybių ir papuoškite citrinos griežinėliais, 200 g/7 uncijų nusausintais konservuotais pimientais, supjaustytais juostelėmis, ir papildomais žirneliais.

Vištiena Amandine

Tarnauja 4

Paprastai Šiaurės Amerikos sutrumpintas receptas.

4 viščiukai, apie 450 g / 1 svaras
300 ml/10 fl oz/1 skardinė sutirštintos grietinėlės grybų sriubos
150 ml / ¼ pt / 2/3 puodelio vidutiniškai sauso šerio
1 česnako skiltelė, susmulkinta
90 ml/6 šaukštai skrudintų (smulkintų) migdolų
175 g / 6 uncijos / ¾ puodelio rudųjų ryžių, virtų
Brokoliai

Sudėkite pušelius krūtinėlėmis žemyn ir vienu sluoksniu į didelį gilų indą, kuris tilps į mikrobangų krosnelę. Uždenkite lipnia plėvele (plastikine plėvele) ir du kartus perpjaukite, kad išeitų garai. Kepkite ant Full 25 minutes, keturis kartus apversdami indą. Apverskite viščiukus taip, kad dabar jie būtų krūtine į viršų. Švelniai išplakite sriubą su šeriu ir visomis vištienos kepimo sultimis. Įmaišykite česnaką. Supilkite atgal ant viščiukų. Uždenkite kaip anksčiau ir virkite ant Full 15 minučių, tris kartus apversdami indą. Leiskite pastovėti 5 minutes. Perkelkite viščiukus į pašildytas pietų lėkštes ir aptepkite padažu. Pabarstykite migdolais ir patiekite su ryžiais ir brokoliais.

Tarnauja 4

Ruoškite kaip vištienos amandino, bet grybus pakeiskite sutirštinta pomidorų sriuba, o cheresą – marsalą. Kepimo pabaigoje įdėkite 6 suplėšytus baziliko lapelius.

Vištienos Divanas

Tarnauja 4

Kitas paprastas Šiaurės Amerikos patiekalas, tradiciškai gaminamas su brokoliais.

1 didelė brokolių galva, virta

25 g/1 uncijos/2 šaukštai sviesto arba margarino

45 ml/3 a.š paprastų (universalių) miltų

150 ml/¼ pt/2/3 puodelio šilto vištienos sultinio

150 ml/¼ pt/2/3 puodelio vienkartinio (lengvo) grietinėlės

50 g / 2 uncijos / ½ puodelio raudonojo Lesterio sūrio, tarkuoto

30 ml/2 šaukštai sauso baltojo vyno

5 ml/1 šaukštelis švelnių pagamintų garstyčių

225 g / 8 uncijos / 2 puodeliai virtos vištienos, kubeliais

Druska

Sumaltas muskato riešutas

45 ml/3 šaukštai tarkuoto parmezano sūrio

paprika

Brokolius supjaustykite žiedynais ir išdėliokite ant lengvai sviestu patepto gilaus 25 cm/10 skersmens indo pagrindo. Atskirame inde pakaitinkite sviestą arba margariną ant Full 45–60 sekundžių, kol sušnypš. Įmaišykite miltus ir palaipsniui įmaišykite šiltą sultinį bei grietinėlę. Virkite ant pilnos 4–5 minutes, kol pasidarys burbuliukai ir sutirštės, plakdami kas minutę. Įmaišykite Red Leicester, vyną, garstyčias ir vištieną. Įberkite druskos ir muskato riešuto pagal skonį.

Šaukštu užpilkite padažo ant brokolių. Pabarstykite parmezano sūriu ir paprika. Uždenkite lipnia plėvele (plastikine plėvele) ir du kartus perpjaukite, kad išeitų garai. Pakaitinkite atšildydami 8–10 minučių, kol vamzdžiai įkais.

Vištiena grietinėlės padaže su salierais

Tarnauja 4

Paruoškite kaip ir vištienos divaną, bet brokolius pakeiskite 400 g/14 uncijų/1 didelėmis salierų širdelėmis, nusausintomis. (Skystį iš skardinės galima skirti kitiems receptams.)

Vištiena grietinėlės padaže su traškučiais

Tarnauja 4

Paruoškite kaip vištienos divaną, bet neįdėkite sūrio ir paprikos užpilo. Vietoj to pabarstykite 1 mažu maišeliu stambiai susmulkintų bulvių traškučių (traškučių).

Vištiena à la King

Tarnauja 4

Dar vienas importas iš JAV ir naujoviška vištienos likučių panaudojimo priemonė.

40 g/1½ uncijos/3 šaukštai sviesto arba margarino
40 g/1½ uncijos/1½ šaukšto paprastų (visiems tikslams) miltų
300 ml/½ pt/1¼ puodelio šilto vištienos sultinio
60 ml/4 šaukštai dvigubos (sunkios) grietinėlės
1 konservuotas raudonas pimiento, supjaustytas siauromis juostelėmis
200 g / 7 uncijos / nedaug 1 puodelis konservuotų griežinėliais grybų,
nusausintų
Druska ir šviežiai malti juodieji pipirai
350 g / 12 uncijos / 2 puodeliai virtos vištienos, supjaustytos kubeliais
15 ml/1 valgomasis šaukštas vidutiniškai sauso šerio
Šviežiai pagaminti skrebučiai, patiekti

Įdėkite sviestą arba margariną į 1,5 litro / 2½ pt / 6 puodelių troškinimo indą (olandiška orkaitė). Kaitinkite neuždengtą ant Atšildymo 1 minutę. Įmaišykite miltus, tada palaipsniui įmaišykite sultinį ir grietinėlę. Virkite neuždengę ant pilnos ugnies 5–6 minutes, kol pradės burbuliuoti ir sutirštės, plakdami kas minutę. Sumaišykite visus likusius ingredientus ir gerai išmaišykite. Uždenkite lėkšte ir pakaitinkite ant Full 3 minutes. Prieš patiekdami ant skrebučio, leiskite pastovėti 3 minutes.

Turkija à la King

Tarnauja 4

Paruoškite kaip vištieną à la King (aukščiau), tačiau vištieną pakeiskite
virta kalakutiena.

Vištiena à la King su sūriu

Tarnauja 4

Paruoškite kaip vištieną à la King (aukščiau), bet pakaitinę 3 minutes,
uždenkite 125 g/4 uncijos/1 puodeliu tarkuoto raudonojo Lesterio
sūrio. Dar 1–1,5 minutės pakaitinkite neuždengtą ant pilno režimo, kol
sūris išsilydys.

Vištiena à la King Shortcakes

Tarnauja 4

Paruoškite kaip vištieną à la King. Prieš patiekdami, padalinkite 4
didelius paprastus arba sūrio paplotėlius (sausainius) ir išdėliokite
pagrindus į keturias pašildytas lėkštes. Uždenkite vištienos mišiniu ir
uždenkite dangčiais. Valgyk karštą.

Lieknėjų vištienos kepenėlių troškinys

Tarnauja 4

*Neriebus, mažai krakmolo turintis pagrindinis patiekalas, kurį vietoj
bulvių galima valgyti su brokoliais ar žiediniais kopūstais.*

15 ml/1 valgomasis šaukštas alyvuogių arba saulėgrąžų aliejaus
1 raudonoji (bulgarinė) paprika, išskobta ir smulkiai supjaustyta
1 didelė morka, plonais griežinėliais
1 didelis svogūnas, plonais griežinėliais
2 dideli saliero stiebai, įstrižai supjaustyti plonais griežinėliais
*450 g/1 svaro vištienos kepenėlės, supjaustytos kąsnio dydžio
gabalėliais*
10 ml / 2 šaukšteliai kukurūzų miltų (kukurūzų krakmolo)
4 dideli pomidorai, blanširuoti, nulupti ir stambiai supjaustyti
Druska ir šviežiai malti juodieji pipirai

Supilkite aliejų į 1,75 litro/3 pt/7½ puodelio troškintuvą (olandiška
orkaitė). Įmaišykite paruoštas daržoves ir virkite neuždengę ant pilnos
ugnies 5 minutes, du kartus pamaišydami. Sumaišykite kepenėles su
daržovėmis ir virkite neuždengtą ant pilnos ugnies 3 minutes, vieną
kartą pamaišydami. Įmaišykite kukurūzų miltus, pomidorus ir
prieskonius pagal skonį. Uždenkite lipnia plėvele (plastikine plėvele)

ir du kartus perpjaukite, kad išeitų garai. Virkite visą 6 minutes, vieną kartą apversdami.

Lieknėjų kalakutienos kepenys

Tarnauja 4

Paruoškite taip, kaip „Slimers" vištienos kepenėlių troškinimui, tačiau vištienos kepenėles pakeiskite kalakutų kepenėlėmis.

Vištiena Tetrazzini

Tarnauja 4

175 g/6 uncijos/1½ puodelio trumpai supjaustytų makaronų

300 ml/10 fl oz/1 skardinė sutirštinta vištienos arba grybų sriubos grietinėlė

150 ml / ¼ pt / 2/3 puodelio pieno

225 g / 8 uncijos grybų, supjaustytų

350 g / 12 uncijos / 2 puodeliai šaltai virtos vištienos, supjaustytos kubeliais

15 ml/1 valgomasis šaukštas citrinos sulčių

50 g/2 uncijos/¾ puodelio susmulkintų (smulkintų) migdolų

1,5 ml/¼ šaukštelio malto muskato riešuto

75 g/3 uncijos/¾ puodelio Čedaro sūrio, smulkiai sutarkuoto

Makaronus išvirkite taip, kaip nurodyta ant pakelio. Nusausinkite. Supilkite sriubą į sviestu pateptą 1,75 litro / 3 pt / 7½ puodelio indą. Supilkite pieną. Kaitinkite neuždengtą ant viso 5–6 minutes, kol įkais ir lengvai pradės burbuliuoti. Įmaišykite makaronus ir visus likusius ingredientus, išskyrus sūrį. Uždenkite lipnia plėvele (plastikine plėvele) ir du kartus perpjaukite, kad išeitų garai. Kepkite ant Full 12 minučių, tris kartus apversdami indą. Atidenkite ir pabarstykite sūriu. Tradiciškai apkepkite po karštu griliu (broileriu).

Vištienos ir mišrių daržovių sluoksnio troškinys

Tarnauja 4

4 didelės virtos bulvės, plonais griežinėliais
3 virtos morkos, plonais griežinėliais
125 g / 4 uncijos / 1 puodelis virtų žirnių
125 g / 4 uncijos / 1 puodelis virtų saldžiųjų kukurūzų
4 porcijos vištienos, po 225 g/8 uncijos, nuluptos
300 ml/10 fl oz/1 skardinė sutirštintos salierų sriubos arba kito skonio
pagal skonį
45 ml/3 šaukštai vidutiniškai sauso šerio
30 ml/2 šaukštai vienos (lengvos) grietinėlės
1,5 ml/¼ šaukštelio tarkuoto muskato riešuto
75 g/3 uncijos/1¼ puodeliai kukurūzų dribsnių, stambiai susmulkintų

Sviestu patepto gilaus 25 cm/10 skersmens indo dugną padenkite bulvių ir morkų griežinėliais. Pabarstykite žirneliais ir cukriniais kukurūzais, o ant viršaus uždėkite vištienos. Uždenkite lipnia plėvele (plastikine plėvele) ir du kartus perpjaukite, kad išeitų garai. Kepkite ant Full 8 minutes, keturis kartus apversdami indą. Sriubą išplakti su visais likusiais ingredientais, išskyrus kukurūzų dribsnius. Šaukštu uždėkite vištieną. Uždenkite kaip ir anksčiau ir kepkite ant Full 11 minučių, du kartus apversdami indą. Leiskite pastovėti 5 minutes. Prieš patiekdami atidenkite ir pabarstykite kukurūzų dribsniais.

Medaus vištiena ant ryžių

Tarnauja 4

25 g/1 uncijos/2 šaukštai sviesto arba margarino
1 didelis svogūnas, susmulkintas
6 dryžuotos šoninės griežinėliai (griežinėliai), susmulkinti
75 g/3 uncijos/1/3 puodelio lengvai paruošiamų ilgagrūdžių ryžių
300 ml/½ pt/1¼ puodelio karšto vištienos sultinio
Šviežiai malti juodieji pipirai
4 vištienos krūtinėlės be kaulų, kiekviena po 175 g/6 uncijos
Smulkiai nutarkuota 1 apelsino žievelė ir sultys
30 ml/2 šaukštai tamsaus skaidraus medaus
5 ml/1 šaukštelis paprika
5 ml/1 arbatinis šaukštelis Vusterio padažo

Sviestą arba margariną sudėkite į gilų 20 cm/8 skersmens indą. Kaitinkite neuždengtą iki galo 1 minutę. Įmaišykite svogūną, šoninę, ryžius, sultinį ir pipirus pagal skonį. Ant viršaus išdėliokite vištieną žiedu. Suplakite apelsino žievelę ir sultis, medų, papriką ir Vusterio padažą. Šaukštu uždėkite pusę vištienos. Uždenkite lipnia plėvele (plastikine plėvele) ir du kartus perpjaukite, kad išeitų garai. Kepkite ant Full 9 minutes, tris kartus apversdami indą. Atskleisti. Vištieną aptepkite likusiu medaus mišiniu. Virkite neuždengę ant pilnos ugnies 5 minutes. Prieš patiekdami leiskite pastovėti 3 minutes.

Vištiena baltame romo padaže su laimais

Tarnauja 4

25 g/1 uncijos/2 šaukštai sviesto arba margarino
10 ml/2 šaukštelis kukurūzų arba saulėgrąžų aliejaus
1 poras, labai plonais griežinėliais
1 česnako skiltelė, susmulkinta
75 g/3 uncijos/¾ puodelio lieso kumpio, susmulkinto
675 g/1½ svaro vištienos krūtinėlė be kaulų, supjaustyta kąsnio dydžio
gabalėliais
3 pomidorai, blanširuoti, nulupti ir stambiai supjaustyti
30 ml/2 šaukštai baltojo romo
5 cm/2 juostelėje laimo žievelė
1 saldaus apelsino sultys
Druska
150 ml/¼ pt/2/3 puodelio natūralaus jogurto
Vandens kresai (neprivaloma)

Sviestą arba margariną ir aliejų sudėkite į 23 cm/9 skersmens troškinimo indą (olandiška orkaitė). Kaitinkite neuždengtą iki galo 1 minutę. Įmaišykite porą, česnaką ir kumpį. Virkite neuždengę ant pilnos ugnies 4 minutes, du kartus pamaišydami. Įmaišykite vištieną.

Uždenkite lėkšte ir kepkite ant Full 7 minutes, du kartus apversdami indą. Jei naudojate, sudėkite visus likusius ingredientus, išskyrus jogurtą ir rėžiukus. Uždenkite lipnia plėvele (plastikine plėvele) ir du kartus perpjaukite, kad išeitų garai. Kepkite ant Full 8 minutes, keturis kartus apversdami indą. Atskleisti. Jogurtą sumaišykite su trupučiu skysčio iš indo iki vientisos ir kreminės masės, tada užpilkite ant vištienos. Pakaitinkite neuždengtą ant pilno 1½ minutės. Išmeskite laimo žievelę. Jei norite, patiekite papuošę rėžiukais.

Vištiena brendžio padaže su apelsinu

Tarnauja 4

Paruoškite kaip vištienos baltojo romo padaže su laimais, tačiau romą pakeiskite brendžiu, o citriną – apelsino žievele. Vietoj apelsinų sulčių naudokite 60 ml/4 šaukštus imbiero alaus.

Blauzdelės barbekiu padaže su kūdikių makaronais

Tarnauja 4

900 g/2 svaro vištienos kulšelės

2 svogūnai, susmulkinti

2 salierų stiebeliai, susmulkinti

30 ml/2 šaukštai viso grūdo garstyčių

2,5 ml/½ šaukštelio paprikos

5 ml/1 arbatinis šaukštelis Vusterio padažo

400 g/14 uncijos/1 didelės skardinės pjaustytų pomidorų pomidorų

sultyse

125 g / 4 uncijos / 1 puodelis bet kokių mažų makaronų

7,5 ml/1½ šaukštelio druskos

Blauzdeles, kaip rato stipinus, sudėkite į gilų 25 cm/10 skersmens indą kauliniais galais į centrą. Uždenkite lipnia plėvele (plastikine plėvele) ir du kartus perpjaukite, kad išeitų garai. Kepkite ant Full 8 minutes, tris kartus apversdami indą. Tuo tarpu sudėkite daržoves į dubenį ir įmaišykite likusius ingredientus. Išimkite vištienos indą iš mikrobangų krosnelės, atidenkite ir supilkite vištienos kepimo sultis į daržovių mišinį. Gerai ismaisyti. Šaukštu uždėkite blauzdeles. Uždenkite kaip

anksčiau ir virkite ant Full 15 minučių, tris kartus apversdami indą.
Prieš patiekdami leiskite pastovėti 5 minutes.

Vištiena meksikietiškame molių padaže

Tarnauja 4

4 vištienos krūtinėlės be kaulų, po 175 g/6 uncijos, nuluptos

30 ml/2 šaukštai kukurūzų aliejaus

1 didelis svogūnas, smulkiai pjaustytas

1 žalia (bulgarų) paprika, išskobta ir susmulkinta

1 česnako skiltelė, susmulkinta

30 ml/2 a.š. paprastų (universalių) miltų

3 sveiki gvazdikėliai

1 lauro lapas

2,5 ml/½ šaukštelio malto cinamono

5 ml/1 šaukštelis druskos

150 ml / ¼ pt / 2/3 puodelio pomidorų sulčių

50 g/2 uncijos/½ puodelio paprasto (pusiau saldaus) šokolado,

susmulkinto gabalėliais

175 g/6 uncijos/¾ puodelio ilgagrūdžių ryžių, virti

15 ml/1 valgomasis šaukštas česnakinio sviesto

Vištieną išdėliokite aplink gilaus 20 cm/8 skersmens indo kraštą.
Uždenkite lipnia plėvele (plastikine plėvele) ir du kartus perpjaukite,
kad išeitų garai. Kepkite iki galo 6 minutes. Ruošdami padažą leiskite

pastovėti. Atskirame inde 1 minutę kaitinkite aliejų neuždengę ant Full. Įmaišykite svogūną, žaliąją papriką ir česnaką. Virkite neuždengę ant pilnos ugnies 3 minutes, du kartus pamaišydami. Įmaišykite miltus, tada gvazdikėlius, lauro lapą, cinamoną, druską ir pomidorų sultis. Virkite neuždengę ant pilnos ugnies 4 minutes, kas minutę maišydami. Išimkite iš mikrobangų krosnelės. Įpilkite šokolado ir gerai išmaišykite. Virkite, neuždengę, ant pilnos ugnies 30 sekundžių. Atidenkite vištieną ir aptepkite karštu padažu. Uždenkite kaip ir anksčiau ir virkite ant Full 8 minutes. Leiskite pastovėti 5 minutes. Patiekite su ryžiais, šakute su česnakiniu sviestu.

Vištienos sparneliai kepsnių padaže su kūdikių makaronais

Tarnauja 4

Ruoškite taip, kaip būgnų lazdeles kepsnių padaže su kūdikių makaronais, tačiau blauzdeles pakeiskite vištienos sparneliais.

Vištiena Jambalaya

Patiekiama 3-4

*Hotfoot iš Luizianos tai stulbinantis ryžių ir vištienos patiekalas,
paeljos giminaitis.*

2 vištienos krūtinėlės be kaulų
50 g/2 uncijos/¼ puodelio sviesto arba margarino
2 dideli svogūnai, susmulkinti
1 raudonoji (bulgarinė) paprika, išskobta ir susmulkinta
4 salierų stiebeliai, susmulkinti
2 česnako skiltelės, susmulkintos
225 g/8 uncijos/1 puodelis lengvai paruošiamų ilgagrūdžių ryžių
*400 g/14 uncijos/1 didelės skardinės pjaustytų pomidorų pomidorų
sultyse*
10–15 ml/2–3 šaukšteliai druskos

Vištieną išdėliokite aplink gilaus 25 cm/10 skersmens indo kraštą.
Uždenkite lipnia plėvele (plastikine plėvele) ir du kartus perpjaukite,
kad išeitų garai. Kepkite iki galo 7 minutes. Leiskite pastovėti 2
minutes. Vištieną perkelkite ant lentos ir supjaustykite kubeliais.
Supilkite vištienos kepimo sultis į ąsotį ir pasilikite. Nuplaukite ir
išdžiovinkite indą, įpilkite sviesto ir ištirpinkite neuždengę ant Full 1½
minutės. Įmaišykite rezervuotą skystį, vištieną, paruoštas daržoves,

česnaką, ryžius ir pomidorus. Pagal skonį pagardinkite druska. Uždenkite kaip anksčiau ir virkite ant Full 20–25 minutes, kol ryžių grūdai išdžius ir sugers visą drėgmę. Leiskite pastovėti 5 minutes, supurtykite šakute ir patiekite iš karto.

Turkija Jambalaya

Patiekiama 3-4

Paruoškite kaip vištienos Jambalaya, tačiau vištieną pakeiskite kalakutienos krūtinėlėmis.

32

Vištiena su kaštonais

Tarnauja 4

25 g/1 uncijos/2 šaukštai sviesto arba margarino
2 dideli svogūnai, nulupti ir sutarkuoti
430 g/15 uncijų/1 didelė skardinė nesaldintos kaštonų tyrės
2,5 ml / ½ šaukštelio druskos
4 vištienos krūtinėlės su oda ir be kaulų, kiekviena po 175 g/6 uncijos
3 pomidorai, blanširuoti, nulupti ir supjaustyti griežinėliais
30 ml/2 šaukštai kapotų petražolių
Patiekti raudonieji kopūstai ir virtos bulvės

Sviestą arba margariną sudėkite į gilų 20 cm/8 skersmens indą. Ištirpinkite, neuždengę, ant Atšildymo 1½ minutės. Įmaišykite svogūnus. Virkite neuždengę ant pilnos ugnies 4 minutes. Šaukštu suberkite kaštonų tyrę ir druską ir tolygiai išmaišykite, gerai sumaišykite su svogūnais. Lygiu sluoksniu paskleiskite ant indo pagrindo ir ant viršaus aplink indo kraštą išdėliokite vištienos krūtinėles. Ant viršaus uždėkite pomidorų griežinėlius ir pabarstykite petražolėmis. Uždenkite lipnia plėvele (plastikine plėvele) ir du kartus perpjaukite, kad išeitų garai. Kepkite ant Full 15 minučių, tris kartus apversdami indą. Leiskite pastovėti 4 minutes. Patiekite su raudonaisiais kopūstais ir bulvėmis.

Vištiena Gumbo

Tarnauja 6

Kryžminis tarp sriubos ir troškinio, Gumbo yra pietietiškas komfortas ir vienas geriausių Luizianos eksporto prekių. Jo pagrindas yra okra (moteriški pirštai) ir rudasis rausvas, pridedant daržovių, prieskonių, sultinio ir vištienos.

50 g / 2 uncijos / ¼ puodelio sviesto

50 g/2 uncijos/½ puodelio paprastų (universalių) miltų

900 ml/1½ tšk./3¾ puodeliai karšto vištienos sultinio

350 g/12 uncijų okra (moteriški pirštai), su viršūne ir uodega

2 dideli svogūnai, smulkiai pjaustyti

2 česnako skiltelės, susmulkintos

2 dideli saliero stiebai, plonais griežinėliais

1 žalia (bulgarų) paprika, išskobta ir susmulkinta

15–20 ml/3–4 šaukšteliai druskos

10 ml/2 šaukštelio maltos kalendros (kalendros)

5 ml/1 šaukštelis ciberžolės

5–10 ml/1–2 šaukšteliai maltų kvapiųjų pipirų

30 ml/2 šaukštai citrinos sulčių

2 lauro lapai

5–10 ml/1–2 šaukšteliai aitriųjų paprikų padažo

450 g / 1 svaras / 4 puodeliai virtos vištienos, supjaustytos

175 g/6 uncijos/¾ puodeliai ilgagrūdžių ryžių, virti

Įdėkite sviestą į 2,5 litro / 4½ pt / 11 puodelių troškinimo indą
(olandiška orkaitė). Kaitinkite neuždengtą ant viso 2 minutes.
Įmaišykite miltus. Virkite neuždengę ant pilno kaitinimo 7 minutes,
kas minutę maišydami, kol mišinys taps šviesiai rudos spalvos, gerai
iškepto biskvito (sausainio) spalvos. Palaipsniui įmaišykite karštą
sultinį. Kiekvieną okra supjaustykite į aštuonias dalis ir sudėkite į
troškintuvą su visais likusiais ingredientais, išskyrus vištieną ir ryžius.
Uždenkite lipnia plėvele (plastikine plėvele) ir du kartus perpjaukite,
kad išeitų garai. Kepkite iki galo 15 minučių. Įmaišykite vištieną.
Uždenkite kaip ir anksčiau ir virkite ant Full 15 minučių. Leiskite
pastovėti 5 minutes. Išmaišykite ir supilkite į sriubos dubenis. Į
kiekvieną įdėkite po kauburėlį ryžių.

Turkija Gumbo

Tarnauja 6

Paruoškite kaip vištienos Gumbo, tačiau vištieną pakeiskite virta
kalakutiena.

Vištienos krūtinėlės su rudu oranžiniu padažu

Tarnauja 4

*60 ml/4 šaukštai apelsinų uogienės (konservuotas) arba smulkiai
pjaustytas marmeladas*
15 ml/1 valgomasis šaukštas salyklo acto
15 ml/1 valgomasis šaukštas sojos padažo
1 česnako skiltelė, susmulkinta
2,5 ml/½ šaukštelio malto imbiero
7,5 ml/1½ šaukštelio kukurūzų miltų (kukurūzų krakmolo)
4 vištienos krūtinėlės be kaulų, po 200 g/7 uncijos, nuluptos
Kiniški makaronai, virti

Nedideliame inde sumaišykite visus ingredientus, išskyrus vištieną ir
makaronus. Kaitinkite neuždengtą įjungtą 50 sekundžių. Vištienos
krūtinėles išdėliokite aplink gilaus 20 cm/8 skersmens indo kraštą.
Šaukštu uždėkite pusę košės. Uždenkite lėkšte ir kepkite ant Full 8
minutes, du kartus apversdami indą. Apverskite krūtis ir aptepkite

likusiu košeliu. Uždenkite kaip ir anksčiau ir virkite ant Full dar 8
minutes. Leiskite pastovėti 4 minutes, tada patiekite su kiniškais
makaronais.

Vištiena grietinėlės pipirų padaže

Tarnauja 6

25 g/1 uncijos/2 šaukštai sviesto arba margarino
1 nedidelis svogūnas, smulkiai pjaustytas
4 vištienos krūtinėlės be kaulų
15 ml/1 valgomasis šaukštas kukurūzų miltų (kukurūzų krakmolo)
30 ml/2 šaukštai šalto vandens
15 ml/1 valgomasis šaukštas pomidorų tyrės (pasta)
20–30 ml / 4–6 šaukšteliai buteliuose arba konservuoti Madagaskaro
žaliųjų pipirų grūdeliai
150 ml/¼ pt/2/3 puodelio raugintos (pieninės grietinės) grietinėlės
5 ml/1 šaukštelis druskos
275 g/10 uncijų/1¼ puodelio ilgagrūdžių ryžių, virti

Sviestą arba margariną sudėkite į gilų 20 cm/8 skersmens indą.
Ištirpinkite neuždengtą ant pilno 45–60 sekundžių. Sudėkite svogūną.
Virkite, neuždengę, ant pilnos ugnies 2 minutes. Vištienos krūtinėles
supjaustykite skersai 2,5 cm/1 plačiomis juostelėmis. Gerai įmaišykite
į sviestą ir svogūnus. Uždenkite lipnia plėvele (plastikine plėvele) ir du
kartus perpjaukite, kad išeitų garai. Kepkite ant Full 6 minutes, tris
kartus apversdami indą. Tuo tarpu kukurūzų miltus tolygiai
sumaišykite su šaltu vandeniu. Sumaišykite visus likusius

ingredientus, išskyrus ryžius. Sumaišykite su vištiena ir svogūnu, perkelkite mišinį į indo kraštus ir palikite nedidelę įdubą centre. Uždenkite kaip ir anksčiau ir virkite ant Full 8 minutes, keturis kartus apversdami indą. Leiskite pastovėti 4 minutes. Prieš patiekdami su ryžiais išmaišykite.

Kalakutiena grietinėlės pipirų padaže

Tarnauja 6

Paruoškite kaip vištieną grietinėlės pipirų padaže, tačiau vištieną pakeiskite kalakutienos krūtinėlėmis.

Miško vištiena

Tarnauja 4

4 nulupti vištienos ketvirčiai, kiekvienas po 225 g/8 uncijos

30 ml/2 šaukštai kukurūzų arba saulėgrąžų aliejaus

175 g/6 uncijos dryžuotų šoninės gabalėlių (griežinėlių), susmulkintų

1 svogūnas, susmulkintas

175 g grybų, supjaustytų griežinėliais

300 ml / ½ pt / 1¼ puodelio sijotų pomidorų (passata)

15 ml/1 valgomasis šaukštas rudojo acto

15 ml/1 valgomasis šaukštas citrinos sulčių

30 ml/2 šaukštai šviesiai minkšto rudojo cukraus

5 ml/1 šaukštelis paruoštų garstyčių

30 ml / 2 šaukštai Worcestershire padažo

Susmulkinti kalendros (kalendros) lapeliai, papuošti

Vištieną išdėliokite aplink 25 cm/10 skersmens troškinimo indo kraštą (olandiška orkaitė). Uždenkite lipnia plėvele (plastikine plėvele) ir du kartus perpjaukite, kad išeitų garai. Supilkite aliejų į atskirą indą ir neuždengę kaitinkite ant „Full" 1 minutę. Sudėkite šoninę, svogūną ir grybus. Virkite neuždengę ant pilnos ugnies 5 minutes. Sumaišykite visus likusius ingredientus. Uždengtą vištieną kepkite ant Full 9 minutes, du kartus apversdami indą. Atidenkite ir aptepkite daržovių mišiniu. Uždenkite kaip anksčiau ir virkite ant Full 10 minučių, tris kartus apversdami indą. Leiskite pastovėti 5 minutes. Prieš patiekdami pabarstykite kalendra.

Vištiena su obuoliais ir razinomis

Tarnauja 4

25 g/1 uncijos/2 šaukštai sviesto arba margarino
900 g/2 lb vištienos gabalėliai
2 svogūnai, susmulkinti
3 Cox's obuoliai, nulupti ir supjaustyti
30 ml/2 šaukštai razinų
1 česnako skiltelė, susmulkinta
30 ml/2 a.š. paprastų (universalių) miltų
250 ml / 8 fl uncijos / 1 puodelis shandy
2 jautienos sultinio kubeliai
2,5 ml/½ šaukštelio džiovintų čiobrelių
Druska ir šviežiai malti juodieji pipirai
30 ml/2 šaukštai kapotų petražolių

Įdėkite sviestą arba margariną į 25 cm/10 skersmens troškinimo indą (olandiška orkaitė). Ištirpinkite, neuždengę, ant Atšildymo 1–1,5 minutės. Sudėkite vištieną. Uždenkite lipnia plėvele (plastikine plėvele) ir du kartus perpjaukite, kad išeitų garai. Kepkite iki galo 8 minutes. Atidenkite ir apverskite vištieną. Uždenkite kaip ir anksčiau ir virkite ant Full dar 7 minutes. Atidenkite ir pabarstykite svogūnais, obuoliais, razinomis ir česnaku. Miltus sklandžiai sumaišykite su dalimi shandy, tada įmaišykite likusį shandy. Susmulkinkite padažo kubelius, suberkite čiobrelius ir pagardinkite pagal skonį. Supilkite ant vištienos. Uždenkite kaip anksčiau ir virkite ant Full 8 minutes, kol skystis pradės burbuliuoti ir šiek tiek sutirštės. Leiskite pastovėti 5 minutes. Atidenkite ir pabarstykite petražolėmis.

Vištiena su kriaušėmis ir razinomis

Tarnauja 4

Paruoškite kaip vištieną su obuoliais ir razinomis, tačiau obuolius pakeiskite kriaušėmis, o sidru – sidru.

Greipfrutų vištiena

Tarnauja 4

2 salierų stiebeliai

30 ml/2 šaukštai sviesto arba margarino

1 didelis svogūnas, smulkiai sutarkuotas

4 dideli vištienos gabaliukai, iš viso 1 kg, nulupti

Paprasti (visuotiniai) miltai

1 didelis rožinis greipfrutas

150 ml/¼ pt/2/3 puodelio baltojo arba rožinio vyno

30 ml/2 šaukštai pomidorų tyrės (pastos)

1,5 ml/¼ šaukštelio džiovinto rozmarino

5 ml/1 šaukštelis druskos

Salierą per grūdą supjaustykite siauromis juostelėmis. Sviestą arba margariną sudėkite į gilų 25 cm/10 skersmens indą. Ištirpinkite, neuždengę, ant pilno 30 sekundžių. Sumaišykite svogūną ir salierą. Virkite neuždengę ant pilnos ugnies 6 minutes. Vištieną lengvai pabarstykite miltais, tada išdėliokite aplink indo kraštą. Uždenkite lipnia plėvele (plastikine plėvele) ir du kartus perpjaukite, kad išeitų garai. Kepkite ant Full 10 minučių, tris kartus apversdami indą. Tuo tarpu greipfrutą nulupkite ir supjaustykite tarp membranų į segmentus. Atidenkite vištieną ir išbarstykite greipfrutų skilteles. Vyną išplakite su pomidorų tyrele, rozmarinu ir druska ir užpilkite ant vištienos.

Uždenkite kaip ir anksčiau ir virkite ant Full 10 minučių. Prieš patiekdami leiskite pastovėti 5 minutes.

Vengriška vištiena ir daržovių mišiniai

Tarnauja 4

25 g / 1 uncija / 2 šaukštai sviesto arba taukų
2 dideli svogūnai, susmulkinti
1 nedidelė žalia (bulgarinė) paprika
3 mažos cukinijos (cukinijos), plonai supjaustytos
450 g/1 svaro vištienos krūtinėlė be kaulų, kubeliais
15 ml/1 valgomasis šaukštas paprikos
45 ml/3 šaukštai pomidorų tyrės (pasta)
150 ml/¼ pt/2/3 puodelio raugintos (pieninės grietinės) grietinėlės
5–7,5 ml/1–1½ šaukštelio druskos

Sviestą arba taukus sudėkite į 25 cm/10 skersmens troškinimo indą (olandiška orkaitė). Kaitinkite neuždengtą ant Atšildymo 1–1,5 minutės. Įmaišykite svogūnus. Virkite, neuždengę, ant pilnos ugnies 3 minutes. Sumaišykite žaliąją papriką, cukinijas, vištieną, papriką ir pomidorų tyrę. Uždenkite lipnia plėvele (plastikine plėvele) ir du kartus perpjaukite, kad išeitų garai. Kepkite ant Full 5 minutes, tris kartus apversdami indą. Atskleisti. Palaipsniui įmaišykite grietinę ir druską. Uždenkite kaip ir anksčiau ir virkite ant Full 8 minutes. Leiskite pastovėti 5 minutes, tada išmaišykite ir patiekite.

Tarnauja 6

Gurmaniškas pagrindinis patiekalas, labiau tradiciškai gaminamas iš jautienos, bet lengvesnis su vištiena.

25 g/1 uncijos/2 šaukštai sviesto arba margarino

2 svogūnai, susmulkinti

1 česnako skiltelė, susmulkinta

750 g/1½ svaro vištienos krūtinėlės, kubeliais

30 ml/2 šaukštai kukurūzų miltų (kukurūzų krakmolo)

5 ml/1 arbatinis šaukštelis kontinentinių garstyčių

2,5 ml/½ šaukštelio džiovintų žolelių mišinio

300 ml/½ pt/1¼ puodelio bordo vyno

225 g/8 uncijos grybų, plonais griežinėliais

5–7,5 ml/1–1½ šaukštelio druskos

45 ml/3 šaukštai kapotų petražolių

Įdėkite sviestą arba margariną į 25 cm/10 skersmens troškinimo indą (olandiška orkaitė). Ištirpinkite, neuždengę, ant Atšildymo 1½ minutės. Sumaišykite su svogūnais ir česnakais. Uždenkite lėkšte ir kepkite ant Full 3 minutes. Atidenkite ir įmaišykite vištieną. Uždenkite lipnia plėvele (plastikine plėvele) ir du kartus perpjaukite, kad išeitų garai. Kepkite iki galo 8 minutes. Kukurūzų miltus ir garstyčias sklandžiai sumaišykite su šiek tiek bordo, tada įmaišykite likusią dalį. Supilkite ant vištienos. Pabarstykite grybais ir druska. Uždenkite kaip anksčiau ir virkite ant Full 8–9 minutes, indą apversdami keturis kartus, kol padažas sutirštės ir pradės burbuliuoti. Leiskite pastovėti 5 minutes, tada išmaišykite ir prieš patiekdami pabarstykite petražolėmis.

Vištienos Fricassée

Tarnauja 6

*Dvidešimtojo ir trečiojo dešimtmečio specialios progos vištienos
pagrindinio patiekalo atgimimas, visada valgomas su baltais ryžiais su
sviestu ir ant grotelių keptais (keptais) šoninės suktinukais. Tam reikia
didelės mikrobangų krosnelės.*

1,5 kg / 3 svarų vištienos gabalėliai, nulupti

1 svogūnas, supjaustytas 8 griežinėliais

2 dideli saliero stiebai, storai supjaustyti

1 nedidelė morka, plonais griežinėliais

2 storos citrinos griežinėliai

1 mažas lauro lapas

2 sveiki gvazdikėliai

Petražolių šakelės

10 ml/2 šaukštelio druskos

300 ml/½ pt/1¼ puodelio karšto vandens

150 ml/¼ pt/2/3 puodelio vienkartinio (lengvo) grietinėlės

40 g/1½ uncijos/3 šaukštai sviesto arba margarino

40 g/1½ uncijos/1½ šaukšto paprastų (visiems tikslams) miltų

1 mažos citrinos sultys

Druska ir šviežiai malti juodieji pipirai

Vištieną išdėliokite 30 cm/12 skersmens troškinimo inde (olandiška orkaitė). Į patiekalą sudėkite svogūną, salierą ir morką su citrinos griežinėliais, lauro lapu, gvazdikėliais ir 1 petražolės šakele. Pabarstykite druska ir įpilkite vandens. Uždenkite lipnia plėvele (plastikine plėvele) ir du kartus perpjaukite, kad išeitų garai. Kepkite ant Full 24 minutes, tris kartus apversdami indą. Iškelkite vištieną. Mėsą nuimkite nuo kaulų ir supjaustykite kąsnio dydžio gabalėliais. Nukoškite skystį iš indo ir pasilikite 300 ml/½ pt/1¼ puodelio. Įmaišykite grietinėlę. Įdėkite sviestą į didelį negilų indą. Ištirpinkite, neuždengę, ant Full 1½ minutės. Įmaišykite miltus, tada palaipsniui įmaišykite šilto sultinio ir grietinėlės mišinį. Virkite neuždengę ant pilnos ugnies 5–6 minutes, kas minutę plakdami, kol sutirštės ir pradės burbuliuoti. Įpilkite citrinos sulčių, įmaišykite vištieną ir pagardinkite pagal skonį. Uždenkite, kaip ir anksčiau, ir pakaitinkite ant Full 5 minutes, du kartus apversdami indą. Leiskite pastovėti 4 minutes prieš papuošdami petražolių šakelėmis ir patiekdami.

Vištienos Fricassée su vynu

Tarnauja 6

Paruoškite kaip vištienos Fricassée, bet naudokite tik 150 ml/¼ pt/2/3 puodelio rezervuoto sultinio ir įpilkite 150 ml/¼ pt/2/3 puodelio sauso baltojo vyno.

Vištiena Aukščiausia

Tarnauja 6

Paruoškite kaip vištienos fricassée. Pakaitinę 5 minutes pabaigoje ir pastovėję, įmuškite 2 kiaušinių trynius, sumaišytus su papildomu 15 ml/1 a.š grietinėlės. Mišinio karštis iškeps trynius.

Coq au Vin

Tarnauja 6

50 g/2 uncijos/¼ puodelio sviesto arba margarino
1,5 kg / 3 svarų vištienos gabalėliai, nulupti
1 didelis svogūnas, smulkiai pjaustytas
1 česnako skiltelė, susmulkinta
30 ml/2 a.š. paprastų (universalių) miltų
300 ml/½ pt/1 ¼ puodelio sauso raudonojo vyno
1 jautienos sultinio kubelio
5 ml/1 šaukštelis druskos
12 askaloninių česnakų arba marinuotų svogūnų
60 ml/4 šaukštai kapotų petražolių
1,5 ml/¼ šaukštelio džiovintų čiobrelių
Virtos bulvės ir Briuselio kopūstai, patiekti

Įdėkite sviestą arba margariną į 30 cm/12 skersmens troškinimo indą (olandiška orkaitė). Kaitinkite neuždengtą iki galo 1 minutę. Sudėkite vištienos gabalėlius ir vieną kartą apverskite, kad visi gabalėliai būtų padengti sviestu, bet liktų viename sluoksnyje. Uždenkite lipnia

plėvele (plastikine plėvele) ir du kartus perpjaukite, kad išeitų garai.
Kepkite ant Full 15 minučių, tris kartus apversdami indą. Atidenkite ir
pabarstykite vištieną svogūnu ir česnaku. Miltus pamažu sumaišykite
su vynu, jei reikia, išplakite, kad neliktų gumuliukų. Sutrinkite sultinio
kubelį ir įberkite druskos. Vyno mišinį užpilkite ant vištienos.
Apibarstykite askaloniniais česnakais arba svogūnais ir pabarstykite
petražolėmis bei čiobreliais. Uždenkite kaip anksčiau ir virkite ant Full
20 minučių, tris kartus apversdami indą. Leiskite pastovėti 6 minutes.
Valgykite su virtomis bulvėmis ir Briuselio kopūstais.

Coq au Vin su grybais

Tarnauja 6

Paruoškite kaip Coq au Vin, bet askaloninius česnakus arba
marinuotus svogūnus pakeiskite 125 g/4 uncijos grybų.

Coq au Cola

Tarnauja 6

Ruoškite kaip Coq au Vin, bet vyną pakeiskite kola, kad patiekalas
labiau tiktų vaikams.

Tarnauja 4

15 ml/1 valgomasis šaukštas angliškų garstyčių miltelių

10 ml/2 šaukštelio karšto kario miltelių

10 ml/2 šaukštelio paprika

1,5 ml/¼ šaukštelio aitriųjų kajeno pipirų

2,5 ml / ½ šaukštelio druskos

1 kg/2¼ svaro vištienos kulšelių (apie 12)

45 ml/3 šaukštai česnakinio sviesto

Sumaišykite garstyčias, kario miltelius, papriką, kajeną ir druską. Naudokite, kad padengtumėte visas blauzdelių puses. Sudėkite į gilų 25 cm/10 skersmens indą kaip rato stipinus, kauliniais galais į centrą. Ištirpinkite sviestą, neuždengtą, 1 minutę. Ištepkite blauzdeles lydytu sviestu. Uždenkite lipnia plėvele (plastikine plėvele) ir du kartus perpjaukite, kad išeitų garai. Kepkite ant Full 16 minučių, du kartus apversdami indą.

Vištiena Cacciatore

Tarnauja 6

Itališkas patiekalas, kuris išvertus reiškia „medžiotojo vištiena".

1,5 kg / 3 svarų vištienos gabaliukai

15 ml/1 valgomasis šaukštas alyvuogių aliejaus

1 didelis svogūnas, smulkiai pjaustytas

1 česnako skiltelė, susmulkinta

30 ml/2 a.š. paprastų (universalių) miltų

5 pomidorai, blanširuoti, nulupti ir supjaustyti

150 ml/¼ pt/2/3 puodelio karšto sultinio

45 ml/3 šaukštai pomidorų tyrės (pasta)

15 ml/1 a.š. rudojo stalo padažo

125 g / 4 uncijos grybų, supjaustytų

10 ml/2 šaukštelio druskos

10 ml/2 šaukštelio tamsiai minkšto rudojo cukraus

45 ml/3 šaukštai marsalos arba vidutiniškai sauso šerio

Kreminės bulvės ir mišrios salotos, patiekimui

Įdėkite vištieną į 30 cm/12 skersmens troškinimo indą (olandiška orkaitė). Uždenkite lipnia plėvele (plastikine plėvele) ir du kartus perpjaukite, kad išeitų garai. Kepkite ant Full 15 minučių, du kartus apversdami indą. Tuo tarpu padažą gaminkite įprastai. Į puodą supilkite aliejų ir suberkite svogūną ir česnaką. Švelniai pakepinkite (troškinkite) iki šviesiai auksinės spalvos. Įmaišykite miltus, tada sudėkite pomidorus, sultinį, tyrę ir rudąjį padažą. Virkite maišydami, kol padažas užvirs ir sutirštės. Sumaišykite visus likusius ingredientus ir užpilkite ant vištienos. Uždenkite kaip anksčiau ir virkite ant Full 20 minučių, tris kartus apversdami indą. Leiskite pastovėti 5 minutes. Patiekite su bulvių kremu ir mišriomis salotomis.

Vištienos Chasseur

Tarnauja 6

Paruoškite kaip vištienos cacciatore, bet marsalą ar šerį pakeiskite sausu baltuoju vynu.

Vištiena Marengo

Tarnauja 6

Apie 1800 m. sugalvojo Napoleono Bonaparto asmeninis virėjas mūšio laukuose po austrų pralaimėjimo Marengo mūšyje, netoli Veronos šiaurės Italijoje.

Paruoškite kaip vištienos cacciatore, bet naudokite tik 50 g/2 uncijos grybų, o marsalą ar cheresą pakeiskite sausu baltuoju vynu. Sumaišydami visus likusius ingredientus, įdėkite 12–16 mažų juodųjų alyvuogių be kauliukų ir 60 ml/4 šaukštai kapotų petražolių.

Sezamo vištiena

Tarnauja 4

50 g/2 uncijos/¼ puodelio sviesto arba margarino, suminkštinto
15 ml/1 valgomasis šaukštas švelnių garstyčių
5 ml/1 šaukštelis česnako tyrės (pasta)
5 ml/1 arbatinis šaukštelis pomidorų tyrės (pasta)
90 ml/6 šaukštai sezamo sėklų, lengvai paskrudintų
4 vištienos porcijos, kiekviena po 225 g/8 uncijos, nulupta

Sviestą arba margariną sutrinkite su garstyčiomis ir česnakų bei pomidorų tyrėmis. Įmaišykite sezamo sėklas. Mišinį tolygiai paskirstykite ant vištienos. Išdėliokite į gilų 25 cm/10 skersmens indą, palikdami viduryje įdubą. Kepkite ant Full 16 minučių, keturis kartus apversdami indą. Prieš patiekdami leiskite pastovėti 5 minutes.

Šalies kapitonas

Tarnauja 6

Rytų Indijos švelnus vištienos karis, kurį seniai į pietines Šiaurės Amerikos valstijas atvežė daug keliavęs jūrų kapitonas. Tai tapo savotišku rytietišku budėjimo režimu JAV.

50 g/2 uncijos/¼ puodelio sviesto arba margarino

2 svogūnai, susmulkinti

1 saliero stiebas, susmulkintas

1,5 kg / 3 svarų vištienos gabalėliai, nulupti

15 ml/1 valgomasis šaukštas paprastų (universalių) miltų

15 ml/1 valgomasis šaukštas švelnaus kario miltelių

60 ml/4 šaukštai migdolų, blanširuotų, nuluptų, perpjautų per pusę ir lengvai paskrudintų

1 maža žalia (bulgarų) paprika, išskobta ir smulkiai supjaustyta

45 ml/3 šaukštai sultonų (auksinių razinų)

10 ml/2 šaukštelio druskos

400 g/14 oz/1 didelės skardinės pjaustytų pomidorų

5 ml/1 šaukštelis cukraus

275 g / 10 uncijos / 1¼ puodeliai ilgagrūdžių ryžių, virti

Įdėkite sviestą arba margariną į 30 cm/12 skersmens troškinimo indą (olandiška orkaitė). Kaitinkite neuždengtą ant viso 1½ minutės. Sudėkite svogūnus ir salierus ir gerai išmaišykite. Virkite neuždengę ant pilnos ugnies 3 minutes, du kartus pamaišydami. Įdėkite vištienos gabalėlius ir įmaišykite į sviesto ir daržovių mišinį, kol gerai apskrus. Pabarstykite miltais, kario milteliais, migdolais, pipirais ir sultonais. Uždenkite lipnia plėvele (plastikine plėvele) ir du kartus perpjaukite, kad išeitų garai. Kepkite iki galo 8 minutes. Sumaišykite druską su pomidorais ir cukrumi. Atidenkite vištieną ir šaukštu sudėkite pomidorus. Uždenkite kaip ir anksčiau ir virkite ant Full 21 minutę, du kartus apversdami indą. Prieš patiekdami su ryžiais, leiskite pastovėti 5 minutes.

Vištiena pomidorų ir kaparėlių padaže

Tarnauja 6

6 vištienos gabaliukai, po 225 g/8 uncijos, nulupti
Paprasti (visuotiniai) miltai
50 g/2 uncijos/¼ puodelio sviesto arba margarino
3 griežinėliai (griežinėliai) šoninės, susmulkinti
2 dideli svogūnai, susmulkinti
2 česnako skiltelės, susmulkintos
15 ml/1 valgomasis šaukštas kaparėlių, susmulkintų
400 g/14 oz/1 didelės skardinės pjaustytų pomidorų
15 ml/1 a.š. tamsiai minkšto rudojo cukraus
5 ml/1 arbatinis šaukštelis džiovintų žolelių mišinio
15 ml/1 valgomasis šaukštas pomidorų tyrės (pasta)
15 ml/1 valgomasis šaukštas susmulkintų baziliko lapelių
15 ml/1 valgomasis šaukštas kapotų petražolių

Vištienos sąnarius pabarstykite miltais. Įdėkite sviestą arba margariną į 30 cm/12 skersmens troškinimo indą (olandiška orkaitė). Kaitinkite neuždengtą ant viso 2 minutes. Įmaišykite šoninę, svogūnus, gvazdikėlius ir kaparėlius. Virkite neuždengę ant pilnos ugnies 4 minutes, du kartus pamaišydami. Įdėkite vištieną ir plakite, kol ji gerai pasidengs sviesto arba margarino mišiniu. Uždenkite lipnia plėvele (plastikine plėvele) ir du kartus perpjaukite, kad išeitų garai. Kepkite ant Full 12 minučių, tris kartus apversdami indą. Atidenkite ir sudėkite likusius ingredientus, gerai išmaišykite. Uždenkite kaip ir anksčiau ir virkite ant Full 18 minučių. Prieš patiekdami leiskite pastovėti 6 minutes.

Tarnauja 4

Tariama paprika, ši vištienos fantazija yra gula arba guliašo, vieno žinomiausių Vengrijos patiekalų, giminaitis.

1,5 kg / 3 svarų vištienos gabaliukai

1 didelis svogūnas, susmulkintas

1 žalia (bulgarų) paprika, išskobta ir susmulkinta

1 česnako skiltelė, susmulkinta

30 ml/2 šaukštai kukurūzų aliejaus arba lydytų taukų

45 ml/3 a.š paprastų (universalių) miltų

15 ml/1 valgomasis šaukštas paprikos

300 ml/½ pt/1¼ puodelio šilto vištienos sultinio

30 ml/2 šaukštai pomidorų tyrės (pastos)

5 ml/1 šaukštelis tamsiai minkšto rudojo cukraus

2,5 ml/½ šaukštelio kmynų

5 ml/1 šaukštelis druskos

150 ml / 5 fl oz / 2/3 puodelio crème fraîche

Mažos makaronų formos, virti

Vištienos gabaliukus sudėkite į 30 cm/12 skersmens troškinimo indą
(olandiška orkaitė). Uždenkite lipnia plėvele (plastikine plėvele) ir du
kartus perpjaukite, kad išeitų garai. Kepkite ant Full 15 minučių, du
kartus apversdami indą. Tuo tarpu padažą gaminkite įprastai. Svogūną,
pipirus, česnaką ir aliejų suberkite į puodą (keptuvę) ir švelniai
pakepinkite (troškinkite), kol daržovės suminkštės, bet neapskrus.
Įmaišykite miltus ir papriką, tada palaipsniui įmaišykite sultinį.
Maišydami užvirinkite. Įmaišykite likusius ingredientus, išskyrus
crème fraîche ir makaronus. Atidenkite vištieną ir aptepkite padažu,
sutepdami kai kurias sultis jau inde. Ant viršaus uždėkite šaukštus
crème fraîche. Uždenkite kaip anksčiau ir virkite ant Full 20 minučių,
tris kartus apversdami indą. Patiekite su mažais makaronais.

Tarnauja 6-8

Šiame nepaprastai didingame vištienos recepte susilieja Indijos ir Indonezijos įtaka ir skoniai.

15 ml/1 valgomasis šaukštas žemės riešutų (žemės riešutų) aliejaus

3 vidutiniai svogūnai, supjaustyti

2 česnako skiltelės, susmulkintos

900 g/2 svaro vištienos krūtinėlės be kaulų, nuluptos ir supjaustytos siauromis juostelėmis

15 ml/1 valgomasis šaukštas kukurūzų miltų (kukurūzų krakmolo)

60 ml/4 šaukštai traškaus žemės riešutų sviesto

150 ml / ¼ pt / 2/3 puodelio vandens

7,5 ml/1½ šaukštelio druskos

10 ml/2 šaukštelio švelnios kario pastos

2,5 ml/½ šaukštelio maltos kalendros (kalendros)

2,5 ml/½ šaukštelio malto imbiero

Sėklos iš 5 kardamono ankščių

60 ml/4 šaukštai sūdytų žemės riešutų, stambiai pjaustytų

2 pomidorai, supjaustyti griežinėliais

Įkaitinkite aliejų 25 cm/10 skersmens troškinimo inde (olandiškoje orkaitėje), neuždengtame 1 minutę. Suberkite svogūnus ir česnakus ir kepkite neuždengę ant pilnos ugnies 3 minutes, du kartus pamaišydami. Įmaišykite vištieną ir kepkite neuždengę ant pilnos ugnies 3 minutes, kas minutę maišydami šakute, kad atsiskirtų. Pabarstykite kukurūzų miltus. Sumaišykite visus likusius ingredientus, išskyrus žemės riešutus ir pomidorus. Uždenkite lipnia plėvele (plastikine plėvele) ir du kartus perpjaukite, kad išeitų garai. Kepkite ant Full 19 minučių, keturis kartus apversdami indą. Leiskite pastovėti 5 minutes. Prieš patiekdami išmaišykite ir papuoškite žemės riešutais bei pomidorų griežinėliais.

Nasi Gorengas

Tarnauja 6

Olandų-Indonezijos specialybė.

175 g/6 uncijos/¾ puodelio lengvai paruošiamų ilgagrūdžių ryžių

50 g/2 uncijos/¼ puodelio sviesto arba margarino

2 svogūnai, susmulkinti

2 porai, tik balta dalis, labai plonais griežinėliais

1 žalias paprika, išskobtas ir susmulkintas (nebūtina)

350 g / 12 uncijos / 3 puodeliai šaltai virtos vištienos, stambiai

pjaustytos

30 ml/2 šaukštai sojos padažo

1 klasikinis omletas, supjaustytas juostelėmis

1 didelis pomidoras, supjaustytas griežinėliais

Išvirkite ryžius, kaip nurodyta ant pakelio. Leiskite atvėsti. Įdėkite sviestą arba margariną į 25 cm/10 skersmens troškinimo indą (olandiška orkaitė). Kaitinkite neuždengtą iki galo 1 minutę. Jei naudojate, įmaišykite svogūnus, porus ir čili. Virkite neuždengę ant pilnos ugnies 4 minutes. Įmaišykite ryžius, vištieną ir sojos padažą. Uždenkite lėkšte ir kepkite ant Full 6–7 minutes tris kartus maišydami, kol sušils. Papuoškite omleto juostelėmis ir pomidorų skiltelėmis.

Keptas kalakutas

APTARNAVIMAS 6

1 kalakutiena, dydis pagal poreikį (leisti 350 g/12 uncijų) nevirtas

svoris vienam asmeniui)

Baste

Sparnų galiukus ir kojų galus uždenkite folija. Padėkite kalakutą krūtine žemyn į pakankamai didelį indą, kad paukštis būtų patogiai laikomas. Nesijaudinkite, jei korpusas pakils virš ratlankio. Uždenkite lipnia plėvele (plastikine plėvele) ir pradurkite 4 kartus. Kepkite ant pilnos 4 minutes 450 g/1 svaro. Išimkite iš orkaitės ir atsargiai apverskite paukštį taip, kad krūtinė būtų aukščiau. Storai sutepkite koštuku, naudokite riebalinį, jei paukštis paprastas, ir neriebų, jei kalakutas pats plaukia. Uždenkite, kaip ir anksčiau, ir kepkite ant pilnos ugnies dar 4 minutes 450 g/1 svaro. Perkelkite į drožimo indą ir uždenkite folija. Palikite pastovėti 15 minučių, tada išskobkite.

Tarnauja 4

30 ml/2 šaukštai alyvuogių aliejaus
4 kalakutienos krūtinėlės gabalėliai be kaulų, po 175 g/6 uncijos
1 svogūnas, susmulkintas
12 įdarytų alyvuogių, supjaustytų
2 kietai virti (kietai virti) kiaušiniai (98–9 psl.), nulupti ir supjaustyti
30 ml/2 šaukštai kapotų kornišonų (kornikonų)
2 pomidorai, plonais griežinėliais

Giliame 20 cm/8 skersmens inde, neuždengtame, kaitinkite aliejų ant pilno 1 minutę. Sudėkite kalakutieną ir gerai įmuškite į aliejų, kad abi pusės gerai pasidengtų. Sumaišykite svogūną, alyvuoges, kiaušinius ir kornišonus ir po lygiai sudėkite į kalakutą. Papuoškite pomidorų griežinėliais. Uždenkite lipnia plėvele (plastikine plėvele) ir du kartus perpjaukite, kad išeitų garai. Kepkite ant Full 15 minučių, penkis kartus apversdami indą. Prieš patiekdami leiskite pastovėti 5 minutes.

Turkijos tacos

Tarnauja 4

Dėl tacos:

450 g / 1 svaras / 4 puodeliai maltos kalakutienos

1 mažas svogūnas, susmulkintas

2 česnako skiltelės, susmulkintos

5 ml/1 šaukštelis kmynų sėklų, sumaltų, jei pageidaujama

2,5–5 ml/½–1 šaukštelio aitriosios paprikos miltelių

30 ml/2 šaukštai kapotų kalendros (kalendros) lapelių

5 ml/1 šaukštelis druskos

60 ml / 4 šaukštai vandens

4 didelės pirktos tortilijos

Susmulkintos salotos

Avokadų garnyrui:

1 didelis prinokęs avokadas

15–20 ml/3–4 šaukšteliai pirktos karštos salsos

1 laimo sultys

Druska

60 ml/4 a.š rūgščios (pieninės grietinės) grietinėlės

Norėdami pagaminti tacos, kalakutiena uždenkite 20 cm/8 skersmens indo pagrindą. Uždenkite lėkšte ir kepkite ant Full 6 minutes. Mėsos grūdus susmulkinkite šakute. Įmaišykite visus likusius ingredientus, išskyrus tortilijas ir salotas. Uždenkite lipnia plėvele (plastikine plėvele) ir du kartus perpjaukite, kad išeitų garai. Kepkite ant Full 8 minutes, keturis kartus apversdami indą. Leiskite pastovėti 4 minutes. Kruopščiai išmaišykite. Ant tortilijų supilkite vienodus kiekius kalakutienos mišinio, įdėkite salotų ir susukite. Perkelkite į indą ir laikykite šiltai.

Norėdami pagaminti avokado padažą, perpjaukite avokadą per pusę, išskobkite minkštimą ir smulkiai sutrinkite. Įmaišykite salsą, laimo sultis ir druską. Perkelkite tacos į keturias pašildytas lėkštes, ant kiekvienos užpilkite avokadų mišinio ir 15 ml/1 a.š grietinės. Valgykite iš karto.

Blynų tacos

Tarnauja 4

Ruoškite kaip ir Turkijos tacos, tačiau pirktas tortilijas pakeiskite keturiais dideliais naminiais blynais.

Turkijos kepalas

Tarnauja 4

450 g/1 svaro žalios maltos (maltos) kalakutienos
1 česnako skiltelė, susmulkinta
30 ml/2 a.š. paprastų (universalių) miltų
2 dideli kiaušiniai, sumušti
10 ml/2 šaukštelio druskos
10 ml/2 šaukštelio džiovintų čiobrelių
5 ml/1 arbatinis šaukštelis Vusterio padažo
20 ml/4 šaukštelio malto muskato riešuto
Striukė Bulvės
Virti žiediniai kopūstai
Sūrio padažas

Sumaišykite kalakutieną, česnaką, miltus, kiaušinius, druską, čiobrelius, Worcestershire padažą ir muskato riešutą. Drėgnomis rankomis suformuokite 15 cm/6 skersmens kepalą. Perkelkite į gilų indą, uždenkite lipnia plėvele (plastikine plėvele) ir du kartus perpjaukite, kad išeitų garai. Virkite visą 9 minutes. Leiskite pastovėti 5 minutes. Supjaustykite į keturias dalis ir patiekite su bulvėmis ir žiediniais kopūstais, apteptais sūrio padažu ir tradiciškai apkepintais ant grotelių (broileris).

Anglo-Madras Turkijos karis

Tarnauja 4

Naudingas receptas, kaip sunaudoti kalėdinės kalakutienos likučius.

30 ml/2 šaukštai kukurūzų arba saulėgrąžų aliejaus

1 didelis svogūnas, labai plonais griežinėliais

1 česnako skiltelė, susmulkinta

30 ml/2 šaukštai razinų

30 ml/2 šaukštai džiovinto (susmulkinto) kokoso

25 ml/1½ šaukšto paprastų (universalių) miltų

20 ml/4 šaukštelio karšto kario miltelių

300 ml/½ pt/1¼ stiklinės verdančio vandens

30 ml/2 šaukštai vienos (lengvos) grietinėlės

2,5 ml / ½ šaukštelio druskos

½ citrinos sultys

350 g / 12 uncijos / 3 puodeliai šaltai virtos kalakutienos, kubeliais

Indiška duona, mišrios salotos ir čatnis, patiekimui

Supilkite aliejų į 1,5 litro/2½ pt/6 puodelio indą su svogūnu, česnaku, razinomis ir kokosu. Gerai ismaisyti. Virkite, neuždengę, ant pilnos ugnies 3 minutes. Sumaišykite miltus, kario miltelius, vandenį, grietinėlę, druską, citrinos sultis ir kalakutieną. Uždenkite lėkšte ir kepkite ant Full 6–7 minutes du kartus pamaišydami, kol karis sutirštės ir pradės burbuliuoti. Leiskite pastovėti 3 minutes. Išmaišykite ir patiekite su indiška duona, salotomis ir čatniu.

Vaisinis kalakutienos karis

Tarnauja 4

30 ml/2 šaukštai sviesto arba margarino

10 ml/2 šaukštelio alyvuogių aliejaus

2 svogūnai, susmulkinti

15 ml/1 valgomasis šaukštas švelnaus kario miltelių

30 ml/2 a.š. paprastų (universalių) miltų

150 ml/¼ pt/2/3 puodelio vienkartinio (lengvo) grietinėlės

90 ml/6 šaukštai graikiško natūralaus jogurto

1 česnako skiltelė, susmulkinta

30 ml/2 šaukštai pomidorų tyrės (pastos)

5 ml/1 šaukštelis garam masala

5 ml/1 šaukštelis druskos

1 nedidelės žaliosios citrinos sultys

4 valgomieji (deseriniai) obuoliai, nulupti, išsmeigti iš šerdies,

supjaustyti ketvirčiais ir plonais griežinėliais

30 ml/2 šaukštai bet kokio vaisinio čatnio

450 g / 1 svaras / 4 puodeliai šaltai virtos kalakutienos, kubeliais

Sviestą arba margariną ir aliejų sudėkite į 25 cm/10 skersmens troškinimo indą (olandiška orkaitė). Kaitinkite neuždengtą ant viso 1½ minutės. Įmaišykite svogūnus. Virkite neuždengę ant pilnos ugnies 3 minutes, du kartus pamaišydami. Įmaišykite kario miltelius, miltus, grietinėlę ir jogurtą. Virkite, neuždengę, ant pilnos ugnies 2 minutes. Sudėkite visus likusius ingredientus. Uždenkite lėkšte ir kepkite ant Full 12–14 minučių, kas 5 minutes pamaišydami, kol įkais.

Kalakutienos pyragas su duona ir sviestu

Tarnauja 4

75 g/3 uncijos/3/8 puodelio sviesto arba margarino

60 ml/4 šaukštai tarkuoto parmezano sūrio

2,5 ml/½ šaukštelio džiovintų čiobrelių

1,5 ml/¼ šaukštelio džiovinto šalavijo

5 ml/1 arbatinis šaukštelis nutarkuotos citrinos žievelės

4 didelės baltos arba rudos duonos riekelės

1 svogūnas, susmulkintas

50 g/2 uncijos grybų, supjaustytų

45 ml/3 a.š paprastų (universalių) miltų

300 ml/½ pt/1¼ puodelio šilto vištienos sultinio

15 ml/1 valgomasis šaukštas citrinos sulčių

45 ml/3 šaukštai vienos (lengvos) grietinėlės

225 g / 8 uncijos / 2 puodeliai šaltai virtos vištienos, kubeliais

Druska ir šviežiai malti juodieji pipirai

Pusę sviesto arba margarino sutrinkite su sūriu, čiobreliais, šalaviju ir citrinos žievele. Užtepkite ant duonos, tada kiekvieną riekelę supjaustykite į keturis trikampius. Likusį sviestą arba margariną sudėkite į gilų 20 cm/8 skersmens indą. Kaitinkite neuždengtą ant viso 1½ minutės. Sudėkite svogūną ir grybus. Virkite neuždengę ant pilnos ugnies 3 minutes, du kartus pamaišydami. Įmaišykite miltus, tada palaipsniui įmaišykite sultinį, citrinos sultis ir grietinėlę. Įmaišykite vištieną ir pagardinkite pagal skonį. Uždenkite lėkšte ir kaitinkite ant Full 8 minutes tris kartus maišydami, kol įkais. Išimkite iš mikrobangų krosnelės. Ant viršaus aptepkite sviestu išteptus duonos trikampius ir paskrudinkite ant karštos kepsninės (broilerio).

Kalakutienos ir ryžių užkepėlė su įdaru

Patiekiama 4-5

225 g/8 uncijos/1 puodelis lengvai paruošiamų ilgagrūdžių ryžių
300 ml/10 fl oz/1 skardinė sutirštintos grietinėlės grybų sriubos
300 ml/½ pt/1¼ stiklinės verdančio vandens
225 g / 8 uncijos / 2 puodeliai saldžiųjų kukurūzų (kukurūzų)
50 g/2 uncijos/½ puodelio smulkintų nesūdytų riešutų
175 g/6 uncijos/1½ puodeliai virtos kalakutienos, supjaustytos
kubeliais
50 g/2 uncijos šalto įdaro, kubeliais
Kopūstų salotos, patiekti

Visus ingredientus, išskyrus įdarą, sudėkite į 1,75 litro / 3 pt / 7½
puodelio indą. Kruopščiai išmaišykite. Uždenkite lipnia plėvele
(plastikine plėvele) ir du kartus perpjaukite, kad išeitų garai. Kepkite
iki galo 25 minutes. Atidenkite ir išmaišykite šakute, kad ryžiai
susimaišytų. Ant viršaus uždėkite šaltą įdarą. Uždenkite lėkšte ir

kepkite ant Full 2 minutes. Leiskite pastovėti 4 minutes. Vėl išpurenkite ir valgykite su kopūstų salotomis.

Kalakutienos krūtinėlė su apelsinų glaistu

Tarnauja 4-6

Mažoms šeimoms, kurios nori šventinio vaišių su minimaliais likučiais.

40 g / 1½ uncijos / 3 šaukštai sviesto

15 ml/1 valgomasis šaukštas pomidorų kečupas (catsup)

10 ml/2 šaukštelio juodojo melasos

5 ml/1 šaukštelis paprika

5 ml/1 arbatinis šaukštelis Vusterio padažo

Smulkiai tarkuota 1 satsuma arba klementino žievelė

Žiupsnelis maltų gvazdikėlių

1,5 ml/¼ šaukštelio malto cinamono

1 visa kalakuto krūtinėlė, apie 1 kg/2¼ svaro

Į indą kruopščiai sumaišykite visus ingredientus, išskyrus kalakutieną. Kaitinkite neuždengtą ant Atšildymo 1 minutę. Įdėkite kalakuto krūtinėlę į 25 cm/10 skersmens indą (olandiška orkaitė) ir aptepkite puse košės. Uždenkite lipnia plėvele (plastikine plėvele) ir du kartus perpjaukite, kad išeitų garai. Kepkite iki galo 10 minučių. Apverskite kalakuto krūtinėlę ir aptepkite likusiu košeliu. Uždenkite kaip ir anksčiau ir kepkite ant Full dar 10 minučių, tris kartus apversdami indą. Prieš droždami leiskite pastovėti 7–10 minučių.

Tarnauja 4

1 antis, maždaug 2,25 kg, nuplaunama ir išdžiovinta
45 ml/3 šaukštai mangų čatnio
Šparaginės pupelės
175 g / 6 uncijos / ¾ puodelio rudųjų ryžių, virtų

Padėkite antį aukštyn kojom ant apverstos arbatos lėkštės, stovinčios 25 cm/10 skersmens troškinimo inde (olandiška orkaitė). Uždenkite lipnia plėvele (plastikine plėvele) ir du kartus perpjaukite, kad išeitų garai. Kepkite iki galo 20 minučių. Atidenkite ir atsargiai nupilkite riebalus ir sultis. Apverskite antį ir ištepkite krūtinėlę čatniu. Uždenkite, kaip ir anksčiau, ir virkite ant Full dar 20 minučių. Supjaustykite į keturias dalis ir patiekite su pupelių daigais bei ryžiais.

Kantono antis

Tarnauja 4

45 ml/3 šaukštai švelnios abrikosų uogienės (konservuoti)
30 ml/2 šaukštai kiniško ryžių vyno
10 ml/2 a.š. švelnių pagamintų garstyčių
5 ml/1 šaukštelis citrinos sulčių
10 ml/2 šaukštelis sojos padažo
1 antis, maždaug 2,25 kg, nuplaunama ir išdžiovinta

Į nedidelį dubenį sudėkite abrikosų uogienę, ryžių vyną, garstyčias, citrinos sultis ir sojos padažą. Kaitinkite ant Full 1–1,5 minutės, du kartus pamaišydami. Padėkite antį aukštyn kojom ant apverstos arbatos lėkštės, stovinčios 25 cm/10 skersmens troškinimo inde (olandiška orkaitė). Uždenkite lipnia plėvele (plastikine plėvele) ir du kartus perpjaukite, kad išeitų garai. Kepkite iki galo 20 minučių. Atidenkite ir atsargiai nupilkite riebalus ir sultis. Apverskite antį ir ištepkite krūtinėlę abrikosų padažu. Uždenkite kaip ir anksčiau ir virkite ant Full 20 minučių. Supjaustykite į keturias dalis ir patiekite.

Antis su apelsinų padažu

Tarnauja 4

Aukštos klasės prabanga, lengvai paruošiama mikrobangų krosnelėje per trumpą laiką, kurio paprastai prireiktų. Papuoškite rėžiukais ir šviežių apelsinų griežinėliais vakarėlio puošmenai.

1 antis, maždaug 2,25 kg, nuplaunama ir išdžiovinta

Padažui:

Smulkiai nutarkuota 1 didelio apelsino žievelė

2 apelsinų sultys

30 ml/2 šaukštai smulkiai susmulkinto citrinų marmelado

15 ml/1 valgomasis šaukštas raudonųjų serbentų želė (skaidrus konservavimas)

30 ml/2 šaukštai apelsinų likerio

5 ml/1 šaukštelis sojos padažo

10 ml / 2 šaukšteliai kukurūzų miltų (kukurūzų krakmolo)

Padėkite antį aukštyn kojom ant apverstos arbatos lėkštės, stovinčios 25 cm/10 skersmens troškinimo inde (olandiška orkaitė). Uždenkite lipnia plėvele (plastikine plėvele) ir du kartus perpjaukite, kad išeitų garai. Kepkite iki galo 20 minučių. Atidenkite ir atsargiai nupilkite riebalus ir sultis. Apverskite antį. Uždenkite kaip ir anksčiau ir virkite ant Full 20 minučių. Supjaustykite į keturias dalis, perkelkite į serviravimo indą ir laikykite karštą. Nugriebkite riebalus nuo virimo sulčių.

Norėdami paruošti padažą, visus ingredientus, išskyrus kukurūzų miltus, sudėkite į matavimo indą. Supilkite nugriebtas kepimo sultis. Praskieskite karštu vandeniu iki 300 ml/½ pt/1¼ puodelio. Kukurūzų miltus sumaišykite iki plonos pastos su keliais šaukštais šalto vandens. Įpilkite į puodą ir gerai išmaišykite. Virkite neuždengę ant pilnos ugnies 4 minutes, tris kartus pamaišydami. Užpilkite ant anties ir patiekite iš karto.

Prancūziško stiliaus antis

Tarnauja 4

1 antis, maždaug 2,25 kg, nuplaunama ir išdžiovinta
12 slyvų be kauliukų
1 saliero stiebas, smulkiai pjaustytas
2 česnako skiltelės, susmulkintos

Padažui:
300 ml/½ pt/1¼ puodelio sauso sidro
5 ml/1 šaukštelis druskos
10 ml/2 šaukštelio pomidorų tyrės (pasta)
30 ml/2 šaukštai crème fraîche
15 ml/1 valgomasis šaukštas kukurūzų miltų (kukurūzų krakmolo)
Virtos tagliatelle, patiekti

Padėkite antį aukštyn kojom ant apverstos arbatos lėkštės, stovinčios 25 cm/10 skersmens troškinimo inde (olandiška orkaitė). Aplink antį išbarstykite džiovintas slyvas, salierą ir česnaką. Uždenkite indą lipnia plėvele (plastikine plėvele) ir du kartus perpjaukite, kad išeitų garai. Kepkite iki galo 20 minučių. Atidenkite ir atsargiai nupilkite ir pasilikite riebalus bei sultis. Apverskite antį. Uždenkite kaip ir anksčiau ir virkite ant Full 20 minučių. Supjaustykite į keturias dalis, perkelkite į serviravimo indą ir laikykite karštą. Nugriebkite riebalus nuo virimo sulčių.

Norėdami paruošti padažą, sidrą įdėkite į matavimo ąsotį. Išplakite druską, pomidorų tyrę, crème fraîche, nugriebtas kepimo sultis ir kukurūzų miltus. Virkite neuždengę ant pilnos ugnies 4–5 minutes, kol sutirštės ir pradės burbuliuoti, plakdami kas minutę. Užpilkite ant anties ir džiovintų slyvų ir padėkite su tagliatelle.

Padėkite jungtį odele į viršų ant specialaus mikrobangų krosnelės įdėklo, stovinčio dideliame inde. Uždenkite lipnia plėvele (plastikine plėvele). Kiekvienam 450 g/1 svaro nustatykite šiuos gaminimo laikus:

- Kiauliena – 9 min

- Kumpis – 9 min

- Aviena – 9 min

- Jautiena – 6-8 min

Apverskite indą kas 5 minutes, kad kepimas būtų tolygus, rankas apsaugokite orkaitės pirštinėmis. Įpusėjus kepimo laikui, leiskite pailsėti 5–6 minutes. Baigiant virti, sujungimą perkelkite ant drožimo lentos ir uždenkite dvigubo storio folija. Prieš droždami, leiskite pailsėti 5–8 minutes, priklausomai nuo jo dydžio.

Saldžiai rūgštūs kiaulienos kotletai su apelsinais ir laimais

Tarnauja 4

4 kiaulienos gabalėliai, po 175 g/6 uncijos po apipjaustymo
60 ml/4 šaukštai pomidorų kečupo (catsup)
15 ml/1 valgomasis šaukštas teriyaki padažo
20 ml/4 šaukštelio salyklo acto
5 ml/1 arbatinis šaukštelis smulkiai tarkuotos laimo žievelės
1 apelsino sultys
1 česnako skiltelė, susmulkinta (nebūtina)
350 g virtų rudųjų ryžių

Kotletus sudėkite į gilų 25 cm/10 skersmens indą. Sumaišykite visus likusius ingredientus, išskyrus ryžius, ir šaukštu supilkite kotletus. Uždenkite lipnia plėvele (plastikine plėvele) ir du kartus perpjaukite, kad išeitų garai. Kepkite ant Full 12 minučių, keturis kartus apversdami indą. Prieš patiekdami su rudaisiais ryžiais, leiskite pastovėti 5 minutes.

Mėsos kepalas

Tarnauja 8-10

Išbandytas ir patikimas universalus šeimos terrinas. Puikus patiekiamas karštas, supjaustytas griežinėliais su padažu arba portugališku padažu arba kaimišku pomidorų padažu ir kartu su bulvių kremu arba makaronų sūriu ir įvairiomis daržovėmis. Arba valgykite šaltą su gausiu majonezu arba salotų padažu ir salotomis. Sumuštiniams supjaustykite plonais griežinėliais ir naudokite kaip įdarą su salotomis, pjaustytais laiškiniais svogūnais ir pomidorais arba, patiekiant su kornišonais (kornišonais) ir grūdėta duona, jis pasižymi klasikinio prancūziško stiliaus užkandžiu.

125 g/4¾ uncijos/3½ riekelės lengvos tekstūros baltos duonos
450 g/1 svaras liesos maltos (maltos) jautienos
450 g / 1 svaras / 4 puodeliai maltos (maltos) kalakutienos
10 ml/2 šaukštelio druskos
3 česnako skiltelės, susmulkintos
4 dideli kiaušiniai, sumušti
10 ml/2 šaukštelis Vusterio padažo
10 ml/2 šaukštelio tamsaus sojų padažo
10 ml/2 šaukštelis pagamintų garstyčių

Gilų 23 cm/9 skersmens indą lengvai patepkite riebalais. Duoną sutrupinkite virtuviniu kombainu. Sudėkite visus likusius ingredientus ir pulkite mašiną, kol mišinys susimaišys. (Venkite per daug maišyti, nes kepalas bus sunkus ir tankus.) Paskirstykite į paruoštą patiekalą. Į centrą įstumkite kūdikių uogienės (konservų) stiklainį arba kiaušinių puodelį tiesia puse, kad mėsos mišinys sudarytų žiedą. Uždenkite lipnia plėvele (plastikine plėvele) ir du kartus perpjaukite, kad išeitų garai. Kepkite ant Full 18 minučių, du kartus apversdami indą. Kepalas susitrauks nuo indo šonų. Palikite pastovėti 5 minutes, jei patiekite karštą.

Kalakutienos ir dešrelių terjeras

Tarnauja 8-10

Paruoškite kaip ir mėsos kepalą, bet maltą jautieną pakeiskite 450 g/1 svaro jautienos arba kiaulienos dešrelės. Kepkite ant pilno 18 minučių, o ne 20 minučių.

Kiaulienos kotletai su švelniu padažu

Tarnauja 4

4 kiaulienos gabalėliai, po 175 g/6 uncijos po apipjaustymo
30 ml/2 šaukštai sviesto arba margarino
5 ml/1 šaukštelis paprika
5 ml/1 šaukštelis sojos padažo
5 ml/1 arbatinis šaukštelis Vusterio padažo

Kotletus sudėkite į gilų 25 cm/10 skersmens indą. Ištirpinkite sviestą arba margariną ant Defrost 1½ minutės. Supilkite likusius ingredientus ir supilkite ant kotletų. Uždenkite lipnia plėvele (plastikine plėvele) ir

83

du kartus perpjaukite, kad išeitų garai. Kepkite ant Full 9 minutes, keturis kartus apversdami indą. Leiskite pastovėti 4 minutes.

Havajų kiaulienos ir ananasų troškinys

Tarnauja 6

Šį mėsos ir vaisių receptą iš atogrąžų Havajų salos apibūdina subtilumas, švelnumas ir puikus skonis.

15 ml/1 valgomasis šaukštas žemės riešutų (žemės riešutų) aliejaus
1 svogūnas, smulkiai pjaustytas
2 česnako skiltelės, susmulkintos
900 g/2 lb kiaulienos filė, kubeliais
15 ml/1 valgomasis šaukštas kukurūzų miltų (kukurūzų krakmolo)
400 g / 14 uncijos / 3½ puodeliai konservuotų susmulkintų ananasų natūraliose sultyse
45 ml/3 šaukštai sojos padažo
5 ml//1 arbatinis šaukštelis malto imbiero
Šviežiai malti juodieji pipirai

Gilaus 23 cm/9 skersmens indo dugną ir šonus ištepkite aliejumi. Sudėkite svogūną ir česnaką ir kepkite neuždengę ant pilnos ugnies 3 minutes. Įmaišykite kiaulieną, kukurūzų miltus, ananasus ir sultis, sojų padažą ir imbierą. Pagal skonį pagardinkite pipirais. Išdėliokite žiedu aplink vidinį indo kraštą, palikdami nedidelį įdubimą centre. Uždenkite lipnia plėvele (plastikine plėvele) ir du kartus perpjaukite, kad išeitų garai. Kepkite ant Full 16 minučių, keturis kartus apversdami indą. Leiskite pastovėti 5 minutes, tada prieš patiekdami išmaišykite.

85

Havajų gammonas ir ananasų troškinys

Tarnauja 6

Paruoškite kaip havajietišką kiaulieną ir ananasų troškinį, tačiau kiaulieną pakeiskite nerūkytais ir švelniais gamono kubeliais.

Šventinis Gammonas

Patiekiama 10-12 val

Idealiai tinka Kalėdų ar Naujųjų metų švediško stalo patiekalams, mikrobangų krosnelėje virtas gammonas yra drėgnas, sultingas ir gražiai raižomas. Tai yra didžiausias dydis patenkinamam rezultatui pasiekti.

Gammon jungtis, maksimalus svoris 2,5 kg/5½ svaro
50 g/2 uncijos/1 puodelis paruduotų džiūvėsėlių
Visas gvazdikėlis

Siekiant sumažinti sūrumą, jungtis pirmiausia virinama įprastai. Sudėkite gamoną į didelį puodą, užpilkite šaltu vandeniu, užvirinkite ir nusausinkite. Pakartokite. Pasverkite nusausintą jungtį ir 450 g/1 svarą leiskite virti 8 minutes. Arba pastatykite jungtį tiesiai ant stiklinio padėklo mikrobangų krosnelėje arba įdėkite į didelį negilų indą. Jei galas siauras, suvyniokite į folijos gabalėlį, kad neperkeptų. Uždenkite gamoną virtuviniu popieriumi ir kepkite pusę kepimo laiko. Leiskite pastovėti mikrobangų krosnelėje 30 minučių. Nuimkite foliją, jei naudojate, apverskite jungtį ir uždenkite virtuviniu popieriumi. Užbaikite virimą ir palikite pastovėti dar 30 minučių. Perkelkite į lentą. Nulupkite odą, riebalus supjaustykite į deimantus, tada pabarstykite trupiniais. Kiekvieną deimantą užsmeikite gvazdikėliais.

Glazūruotas Gala Gammonas

Patiekiama 10-12 val

Gammon jungtis, maksimalus svoris 2,5 kg/5½ svaro
50 g/2 uncijos/1 puodelis paruduotų džiūvėsėlių
Visas gvazdikėlis
60 ml/4 šaukštai demerara cukraus
10 ml/2 šaukštelio garstyčių miltelių
60 ml/4 šaukštai sviesto arba margarino, ištirpinto
5 ml/1 arbatinis šaukštelis Vusterio padažo
30 ml/2 šaukštai baltųjų vynuogių sulčių
Kokteilių vyšnios

Pasiruoškite kaip ir Šventiniam Gammonui, bet kiekvieną pakaitinį deimantą užsukite gvazdikėliais. Norėdami pagaminti glajų, sumaišykite cukrų, garstyčias, sviestą arba margariną, Worcestershire padažą ir vynuogių sultis. Perkelkite gamoną į kepimo skardą ir aptepkite riebalus glaistu. Tradiciškai kepkite 190°C/375°F/dujų žymėje 5 25–30 minučių, kol riebalai taps auksinės rudos spalvos. Likusius riebalų deimantus užtepkite kokteilinėmis vyšniomis, užteptomis ant kokteilių lazdelių (dantų krapštukų).

Paella su ispanišku saliamiu

Tarnauja 6

Paruoškite kaip paeliją, tačiau vištieną pakeiskite stambiai pjaustytu saliamiu.

Švediško stiliaus mėsos kukuliai

Tarnauja 4

Tai vienas iš Švedijos nacionalinių patiekalų, žinomas kaip „kottbullar", kuriame patiekiamas su virtomis bulvėmis, spanguolių padažu, padažu ir mišriomis salotomis.

75 g/3 uncijos/1½ puodelio šviežių baltų džiūvėsėlių

1 svogūnas, smulkiai pjaustytas

225 g/8 uncijos/2 puodeliai liesos maltos (maltos) kiaulienos

225 g/8 uncijos/2 puodeliai maltos (maltos) jautienos

1 didelis kiaušinis

2,5 ml / ½ šaukštelio druskos

175 ml/6 fl oz/1 maža skardinė išgarintas pienas

2,5 ml/½ šaukštelio maltų kvapiųjų pipirų

25 g / 1 uncija / 2 šaukštai margarino

Kruopščiai sumaišykite visus ingredientus, išskyrus margariną. Suformuokite 12 vienodo dydžio rutuliukų. Įkaitinkite mikrobangų krosnelės kepimo indą, kaip nurodyta 14 puslapyje arba instrukcijoje, pateiktoje kartu su indu ar mikrobangų krosnele. Įpilkite margariną ir rankomis, apsaugotomis orkaitės pirštinėmis, pasukite indą, kol pagrindas visiškai pasidengs. Šiuo metu jis taip pat šnypštės. Sudėkite kotletus ir nedelsdami apverskite, kad viskas apskrustų. Uždenkite lipnia plėvele (plastikine plėvele) ir du kartus perpjaukite, kad išeitų garai. Kepkite ant Full 9½ minutės, keturis kartus apversdami indą. Prieš patiekdami leiskite pastovėti 3 minutes.

Kepta kiauliena su traškučiais

Stebėtinai traški kiaulienos oda dėl ilgo mėsos kepimo laiko.

Pasirinkite kojos gabalėlį, kad vienam asmeniui būtų 175 g/6 uncijos. Peiliu giliai įmuškite odą ir pabarstykite druska, o švelniau – paprika. Padėkite jungtį odele į viršų ant specialaus mikrobangų krosnelės įdėklo, stovinčio dideliame inde. Uždenkite pergamento gabalėliu. Atidarykite kepsnį taip, skirdami 9 minutes kiekvienam 450 g/1 svaro. Apverskite indą kas 5 minutes, kad kepimas būtų tolygus, o rankas apsaugokite orkaitės pirštinėmis. Įpusėjus kepimo laikui, leiskite pailsėti 6 minutes. Baigiant virti, sujungimą perkelkite ant drožimo lentos ir uždenkite dvigubo storio folija. Prieš pjaustydami leiskite pastovėti 8 minutes ir patiekite su daržovėmis bei šalavijų ir svogūnų įdaru.

Kepta kiauliena su medumi

Ruoškite taip, kaip kepdami kiaulieną su traškėjimu, bet prieš apibarstydami druska ir paprika, sutepkite trintuvu, pagamintu iš 90 ml / 6 šaukštai tamsaus skaidraus medaus, sumaišyto su 20 ml / gausiu 1 šaukštu garstyčių ir 10 ml / 2 šaukšteliu Vusterio padažu.

Kiaulienos kotletai su raudonaisiais kopūstais

Tarnauja 4

Žiemos reikalas, kai Kalėdoms lentynas užpildo raudonųjų kopūstų stiklainiai ir skardinės. Valgykite su bulvių kremu ir pastarnoko koše.

450 g/1 svaro virtų raudonųjų kopūstų

4 pomidorai, blanširuoti, nulupti ir supjaustyti

10 ml/2 šaukštelio druskos

4 kiaulienos gabalėliai, po 175 g/6 uncijos po apipjaustymo

10 ml/2 šaukštelis sojos padažo

2,5 ml/½ šaukštelio česnako druskos

2,5 ml/½ šaukštelio paprikos

15 ml/1 a.š. tamsiai minkšto rudojo cukraus

Išdėliokite kopūstus ant 20 cm/8 skersmens troškinimo indo (olandiška orkaitė) pagrindo. Sumaišykite pomidorus ir druską, ant viršaus uždėkite kotletus. Supilkite sojų padažą ir apšlakstykite likusiais ingredientais. Uždenkite lipnia plėvele (plastikine plėvele) ir du kartus perpjaukite, kad išeitų garai. Kepkite ant pilno 15 minučių, keturis kartus apversdami indą. Prieš patiekdami leiskite pastovėti 4 minutes.

Roméniško stiliaus kiaulienos filė

Tarnauja 4

15 ml/1 valgomasis šaukštas alyvuogių aliejaus
1 mažas svogūnas, susmulkintas
1 česnako skiltelė, susmulkinta
4 griežinėliai kiaulienos filė, po 125 g/4 uncijos, išplakti iki labai
plonos
60 ml/4 šaukštai pomidorų sulčių
5 ml/1 arbatinis šaukštelis džiovintų raudonėlių
125 g/4 uncijos Mocarelos sūrio, supjaustyto
30 ml/2 šaukštai kaparėlių
Polenta

Supilkite aliejų į gilų 25 cm/10 skersmens indą. Visiškai kaitinkite 1 minutę. Įmaišykite svogūną ir česnaką. Virkite neuždengę ant pilnos ugnies 4 minutes, du kartus pamaišydami. Į indą įdėkite kiaulieną vienu sluoksniu. Virkite, neuždengę, ant pilnos ugnies 2 minutes. Apverskite ir kepkite dar 2 minutes. Apšlakstykite pomidorų sultimis ir raudonėliu, ant viršaus uždėkite mocarelos griežinėlių, tada apibarstykite kaparėliais. Uždenkite lipnia plėvele (plastikine plėvele) ir du kartus perpjaukite, kad išeitų garai. Kepkite ant pilnos ugnies 2–3 minutes arba tol, kol sūris tiesiog ištirps. Prieš patiekdami su polenta, leiskite pastovėti 1 minutę.

Kiaulienos filė ir daržovių troškinys

Tarnauja 6-8

15 ml/1 valgomasis šaukštas saulėgrąžų arba kukurūzų aliejaus

1 svogūnas, sutarkuotas

2 česnako skiltelės, susmulkintos

675 g kiaulienos filė, supjaustyta 1,5 cm/¾ griežinėliais

30 ml/2 a.š. paprastų (universalių) miltų

5 ml/1 arbatinis šaukštelis džiovintų mairūnų

5 ml/1 arbatinis šaukštelis smulkiai tarkuotos apelsino žievelės

200 g / 7 uncijos / 1¾ puodeliai konservuotų arba atšildytų šaldytų

žirnelių ir morkų mišinio

200 g / 7 uncijos / 1½ puodelio saldžiųjų kukurūzų (kukurūzų)

300 ml/½ pt/1¼ puodelio rožinio vyno

150 ml / ¼ pt / 2/3 puodelio karšto vandens

5 ml/1 šaukštelis druskos

Supilkite aliejų į 2 litrų/3½ pt/8½ puodelio troškinimo indą (olandiška orkaitė). Kaitinkite neuždengtą iki galo 1 minutę. Įmaišykite svogūną ir česnaką. Virkite neuždengę ant pilnos ugnies 4 minutes, du kartus pamaišydami. Sudėkite kiaulieną. Uždenkite indą lėkšte ir kepkite ant Full 4 minutes. Įmaišykite miltus, įsitikinkite, kad mėsos gabaliukai gerai apsemti. Sudėkite visus likusius ingredientus, išskyrus druską.

Uždenkite lipnia plėvele (plastikine plėvele) ir du kartus perpjaukite, kad išeitų garai. Kepkite ant Full 17 minučių, keturis kartus apversdami indą. Leiskite pastovėti 5 minutes prieš pagardinkite druska ir patiekite.

Čili kiaulienos kotletai

Tarnauja 4

4 kiaulienos šonkauliukai, po 225 g/8 uncijos, pašalinti riebalai
10 ml/2 šaukštelis čili arba Cajun prieskonių
5 ml/1 šaukštelis česnako miltelių
400 g/14 oz/1 didelės skardinės raudonos pupelės, nusausintos
400 g/14 oz/1 didelės skardinės pjaustytų pomidorų
30 ml/2 šaukštai smulkintos šviežios kalendros (kalendros)
2,5 ml / ½ šaukštelio druskos

Kotletus sudėkite į gilų 30 cm/12 skersmens indą. Pabarstykite prieskoniais ir česnako milteliais. Uždenkite lipnia plėvele (plastikine plėvele) ir du kartus perpjaukite, kad išeitų garai. Kepkite ant Full 8 minutes, du kartus apversdami indą. Atidenkite ir aptepkite pupelėmis bei pomidorais su jų sultimis. Pabarstykite kalendromis ir druska. Uždenkite kaip ir anksčiau ir virkite ant Full 15 minučių, apversdami 3 kartus. Prieš patiekdami leiskite pastovėti 5 minutes.

94

Kiauliena su čatniu ir mandarinais

Tarnauja 4

4 kiaulienos šonkauliukai, po 225 g/8 uncijos, pašalinti riebalai
350 g/12 oz/1 didelių skardinių mandarinų gabalėlių šviesiame sirupe
5 ml/1 šaukštelis paprika
20 ml/4 šaukštelis sojos padažo
45 ml/3 šaukštai vaisinio čatnio, jei reikia, susmulkinkite
2 česnako skiltelės, susmulkintos
Kariuoti ryžiai

Kotletus sudėkite į gilų 30 cm/12 skersmens indą. Mandarinus nusausinkite, palikdami 30 ml/2 šaukštai sirupo, ir padalykite vaisius ant kotletų. Supilkite paruoštą sirupą su likusiais ingredientais, išskyrus ryžius, ir šaukštu užpilkite mandarinus. Uždenkite lipnia plėvele (plastikine plėvele) ir du kartus perpjaukite, kad išeitų garai. Kepkite ant pilno 20 minučių, keturis kartus apversdami indą. Leiskite pastovėti 5 minutes, tada patiekite su ryžiais.

„Ant grotelių kepti" šonkauliukai

Tarnauja 4

1 kg/2¼ svaro mėsingi kiaulienos šonkauliukai arba šonkauliukai
50 g/2 uncijos/¼ puodelio sviesto arba margarino
15 ml/1 valgomasis šaukštas pomidorų kečupas (catsup)
10 ml/2 šaukštelis sojos padažo
5 ml/1 šaukštelis paprika
1 česnako skiltelė, susmulkinta
5 ml/1 šaukštelis aštraus čili padažo

Nuplaukite ir išdžiovinkite kiaulieną ir padalinkite į atskirus šonkaulius. Išdėliokite į didžiausią apvalų negilų indą, kuris patogiai tilps mikrobangų krosnelėje, siaura kiekvieno šonkaulio dalis nukreipta į centrą. Uždenkite lipnia plėvele (plastikine plėvele) ir du kartus perpjaukite, kad išeitų garai. Kepkite ant Full 10 minučių, tris kartus apversdami indą. Norėdami paruošti tešlą, sumaišykite likusius ingredientus dubenyje ir 2 minutes pašildykite neuždengę ant Defrost. Atidenkite šonkaulius ir atsargiai nupilkite riebalus. Tepkite maždaug puse košės. Virkite, neuždengę, ant pilnos ugnies 3 minutes. Apverskite žnyplėmis ir aptepkite likusiu košeliu. Virkite, neuždengę, ant pilnos ugnies 2 minutes. Prieš patiekdami leiskite pastovėti 3 minutes.

Kumpiu apvyniota cikorija sūrio padaže

Tarnauja 4

Belgijoje, jos kilmės šalyje, vadinamas chicorées au jambon. Sidabriškai balta daržovė, įvyniota į kumpį ir apgaubta paprastu sūrio padažu, yra gastonominis šedevras.

8 galvutės cikorijos (Belgijos endyvijos), iš viso apie 1 kg/2¼ svaro
150 ml / ¼ pt / 2/3 puodelio verdančio vandens
15 ml/1 valgomasis šaukštas citrinos sulčių
8 dideli griežinėliai virto kumpio
600 ml / 1 pt / 2½ puodeliai pieno
50 g/2 uncijos/¼ puodelio sviesto arba margarino
45 ml/3 a.š paprastų (universalių) miltų
175 g / 6 uncijos / 1½ puodeliai Edam sūrio, tarkuoto
Druska ir šviežiai malti pipirai
Traškučiai (fri bulvytės), patiekti

Nupjaukite cikoriją, pašalindami sumuštus ar pažeistus išorinius lapus, ir iš kiekvieno jų pagrindo išpjaukite kūgio formos gabalėlį, kad išvengtumėte kartaus skonio. Išdėliokite galvutes kaip rato stipinus giliame 30 cm/12 skersmens inde. Aptepkite vandeniu ir citrinos sultimis. Uždenkite lipnia plėvele (plastikine plėvele) ir du kartus perpjaukite, kad išeitų garai. Kepkite ant pilno 14 minučių, du kartus apversdami indą. Leiskite pastovėti 5 minutes, tada gerai nusausinkite. Nuplaukite ir išdžiovinkite indą. Kai cikorija bus drungna, kiekvieną apvyniokite po kumpio griežinėlį ir grįžkite į indą. Įdėkite pieną į ąsotį ir neuždengę kaitinkite ant Full 3 minutes. Įdėkite sviestą arba margariną į 1,2 litro / 2 pt / 5 puodelio indą ir ištirpinkite ant Full 1 minutę. Įmaišykite miltus, tada palaipsniui įpilkite karšto pieno. Virkite, neuždengę, ant Full 5–6 minutes, kas minutę plakdami, kad užtikrintumėte vientisumą, kol padažas sutirštės ir sutirštės. Įmaišykite sūrį ir pagardinkite pagal skonį. Tolygiai užpilkite ant cikorijos ir kumpio. Uždenkite lėkšte ir pakaitinkite ant Full 3 minutes. Leiskite pastovėti 3 minutes. Tradiciškai apkepkite po karštomis kepsninėmis (broileriais), jei mėgstate, patiekite su traškučiais.

Kiaulienos šonkauliai lipniame apelsinų kepsnių padaže

Tarnauja 4

1 kg/2¼ svaro mėsingi kiaulienos šonkauliukai arba šonkauliukai

30 ml/2 šaukštai citrinos sulčių

30 ml/2 šaukštai sojos padažo

5 ml/1 šaukštelis japoniško vasabi miltelių

15 ml/1 valgomasis šaukštas Vusterio padažo

300 ml/½ pt/1¼ puodelio šviežiai spaustų apelsinų sulčių

30 ml/2 šaukštai tamsiai oranžinio marmelado

10 ml/2 šaukštelis pagamintų garstyčių

1 česnako skiltelė, susmulkinta

Kiniški makaronai, virti, patiekti

Keletas apelsinų skiltelių papuošimui

Šonkauliukus sudėkite į didelį negilų indą. Uždenkite lipnia plėvele (plastikine plėvele) ir du kartus perpjaukite, kad išeitų garai. Kepkite ant Full 7 minutes, du kartus apversdami indą. Atidenkite ir atsargiai nupilkite riebalus. Sumaišykite likusius ingredientus, išskyrus makaronus, ir užpilkite ant šonkaulių. Laisvai uždenkite virtuviniu popieriumi ir kepkite ant „Full" 20 minučių, keturis kartus apversdami indą ir kiekvieną kartą aptepdami padažu. Valgykite su atskirais virtais kiniškais makaronais ir apelsinų skiltelėmis.

Kepsnių ir grybų pudingas

Tarnauja 4

Šis senas angliškas lobis mikrobangų krosnelėje veikia kaip sapnas, o tešla (pasta) elgiasi tiksliai taip, kaip turėtų. Gudrybė yra naudoti iš anksto iškeptą mėsą, pavyzdžiui, naminį troškinį ar mėsos konservus, nes žalios mėsos kubeliai mikrobangų krosnelėje gali sukietėti, kai jie verdami su skysčiu.

Kepiniui:
175 g/6 uncijos/1½ puodeliai savaime kylančių (savaime kylančių) miltų
2,5 ml / ½ šaukštelio druskos
50 g/2 uncijos/½ puodelio susmulkintos jautienos arba vegetariškos mėsos
90 ml/6 šaukštai šalto vandens

Įdarui:
450 g/1 svaro troškintos mėsos su padažu

125 g/4 uncijos grybų

Norėdami pagaminti pyragą, išsijokite miltus ir druską į dubenį ir supilkite į tešlą. Šakute įmaišykite tiek vandens, kad susidarytų minkšta, bet lanksti tešla. Lengvai minkykite iki vientisos masės, tada ant miltais pabarstyto paviršiaus iškočiokite iki 30 cm/12 apskritimo. Iškirpkite pleišto formos ketvirtį ir rezervuokite dangtelį. Kruopščiai sutepkite 900 ml/1½ pt/3¾ puodelio pudingo dubenį ir išklokite tešlą, išlyginkite jį per pagrindą ir šonus, kol jis pasieks vidinį apvadą indo viršuje ir pirštų galiukais išspauskite visas raukšles. Užsandarinkite jungtis, suspaudę jas sudrėkintais pirštais.

Norėdami pagaminti įdarą, kartu pašildykite troškintą mėsą ir grybus mikrobangų krosnelėje arba įprastai. Leiskite atvėsti. Šaukštu supilkite į kepiniu išklotą dubenį. Iškočiokite paliktą tešlą, kad pasidengtumėte dangteliu, sudrėkinkite kraštą ir padėkite ant pamušalo tešlos, suimdami juos, kad užsidarytų. Uždenkite lipnia plėvele (plastikine plėvele) ir du kartus perpjaukite, kad išeitų garai. Kepkite ant Full 7 minutes, kol tešla gerai pakils. Leiskite pastovėti 3 minutes, tada šaukštu išdėkite į lėkštes ir patiekite.

Kepsnys ir inkstų pudingas

Tarnauja 4

Ruoškite kaip kepsnį ir grybų pudingą, bet naudokite 450 g/1 svaro mišinį troškintą kepsnį ir inkstus.

Kepsnys ir kaštonų pudingas

Tarnauja 4

Paruoškite kaip kepsnį ir grybų pudingą, bet grybus pakeiskite visais kaštonais.

Kepsnys ir marinuotas graikinių riešutų pudingas su džiovintomis slyvomis

Tarnauja 4

Paruoškite kaip kepsnį ir grybų pudingą, tačiau grybus pakeiskite 4 marinuotais graikiniais riešutais, supjaustytais ketvirčiais, ir 8 slyvomis be kauliukų.

Tarnauja 4

2 svogūnai, smulkiai pjaustyti arba sutarkuoti
275 g / 10 oz
1 didelis pomidoras, blanširuotas, nuluptas ir susmulkintas
450 g stambiai maltos (maltos) jautienos
5–10 ml/1–2 šaukšteliai druskos
Braziliški ryžiai

Daržoves ir faršą sudėkite į 20 cm/8 colių skersmens troškinimo indą (olandiška orkaitė). Uždenkite lipnia plėvele (plastikine plėvele) ir du kartus perpjaukite, kad išeitų garai. Kepkite ant Full 10 minučių, tris kartus apversdami indą. Atidenkite ir gerai sutrinkite, kad mėsa sutrupėtų. Uždenkite lėkšte ir virkite ant Full 5 minutes, vieną kartą pamaišydami. Leiskite pastovėti 3 minutes ir pagardinkite druska. Netirštintame padaže mėsa bus gana biri. Patiekite su braziliškais ryžiais.

Braziliška „smulkinta" mėsa su kiaušiniais ir alyvuogėmis

Tarnauja 4

Paruoškite kaip ir Pietų Amerikos pjaustytą mėsą, bet atsisakykite moliūgų, moliūgų ar cukinijų (cukinijų). Į mėsos mišinį įpilkite 60 ml/4 šaukštai sultinio. Sutrumpinkite pradinį kepimo laiką iki 7 minučių. Po pastovėjimo įmaišykite 3 kietai virtus kiaušinių skilteles ir 12 žalių alyvuogių be kauliukų.

Rubeno sumuštinis

Tarnauja 2

Kaip paliudys bet kuris šiaurės amerikietis, atviras Rubeno sumuštinis yra valgio šventė, kurią gamina delikatesai nuo Niujorko iki Kalifornijos.

2 didelės riekelės rudos arba ruginės duonos
Majonezas
175 g/6 uncijos druskos jautienos, pastrami arba krūtinėlės, plonais griežinėliais
175 g/6 uncijos nusausinti rauginti kopūstai
4 didelės plonos Gruyère (Šveicarijos) arba Ementalio sūrio griežinėliai

Duoną aptepkite majonezu ir riekeles išdėliokite viena šalia kitos didelėje lėkštėje. Kaitinkite neuždengtą ant Atšildymo 1½ minutės.

Kiekvieną tolygiai padenkite jautiena, o ant viršaus uždėkite raugintų kopūstų, lengvai paspausdami mentele. Uždenkite sūriu. Kepkite ant pilno 1½–2 minučių, kol sūris išsilydys. Valgykite iš karto.

Tarnauja 4

Paruoškite kaip ir Chicken Chow Mein, tačiau vištieną pakeiskite jautiena.

Jautienos gabalėlis Suey

Tarnauja 4

Paruoškite kaip ir suey Chicken Chop, tačiau vištieną pakeiskite jautiena.

Baklažanų ir jautienos troškinys

Tarnauja 6

Šis Luizianos patiekalas yra malonus visiems, o juo mėgsta vietiniai gyventojai.

4 baklažanai (baklažanai)
10 ml/2 šaukštelio druskos
45 ml/3 šaukštai verdančio vandens
1 svogūnas, smulkiai sutarkuotas
450 g / 1 svaras / 4 puodeliai liesos maltos (maltos) jautienos
75 g/3 uncijos/1½ puodelio šviežių baltų džiūvėsėlių

1,5–2,5 ml/¼–½ šaukštelio aitriųjų paprikų padažo

Druska ir šviežiai malti pipirai

25 g / 1 uncija / 2 šaukštai sviesto

250 g/8 uncijos/2¼ puodeliai amerikietiškų ilgagrūdžių ryžių, virti

Baklažanus uždenkite uodega ir nulupkite, o minkštimą supjaustykite kubeliais. Sudėkite į didelį dubenį ar indą ir sumaišykite su druska ir verdančiu vandeniu. Uždenkite lipnia plėvele (plastikine plėvele) ir du kartus perpjaukite, kad išeitų garai. Visiškai virkite 14 minučių. Leiskite pastovėti 2 minutes. Kruopščiai nusausinkite, sudėkite į trintuvą arba virtuvinį kombainą ir sutrinkite iki tyrės. Kruopščiai sutepkite negilų indą. Sumaišykite baklažanų tyrę, svogūną, jautieną, pusę džiūvėsėlių, pipirų padažą ir druską bei šviežiai maltus juoduosius pipirus pagal skonį. Paskleiskite į troškintuvą. Pabarstykite likusiais džiūvėsėliais, tada apibarstykite sviesto dribsniais. Virkite neuždengę ant pilno dangčio 10 minučių. Jei norite, prieš patiekdami

trumpai pakepinkite po karštu griliu (broileriu), kad viršus apskrustų.
Patiekite su ryžiais.

Mėsos kukulių karis

Tarnauja 8

675 g/1½ svaro/6 puodeliai liesos maltos (maltos) jautienos
50 g/2 uncijos/1 puodelis šviežių baltų džiūvėsėlių
1 česnako skiltelė, susmulkinta
1 didelis kiaušinis, sumuštas
300 ml/10 fl oz/1 skardinė kondensuota pomidorų sriuba
6 pomidorai
10 ml/2 šaukštelis sojos padažo
15–30 ml/1–2 šaukštai švelnaus kario miltelių
15 ml/1 valgomasis šaukštas pomidorų tyrės (pasta)

1 jautienos sultinio kubelio

75 ml/5 šaukštai mangų čatnio

Patiekti virti ryžiai arba bulvių košė

Sumaišykite jautieną, džiūvėsėlius, česnaką ir kiaušinį. Suformuokite 16 rutuliukų ir išdėliokite gilaus 25 cm/10 skersmens indo kraštą. Sumaišykite likusius ingredientus ir šaukštu sudėkite ant kotletų. Uždenkite lipnia plėvele (plastikine plėvele) ir du kartus perpjaukite, kad išeitų garai. Kepkite ant Full 18 minučių, keturis kartus apversdami indą. Leiskite pastovėti 5 minutes. Atidenkite ir aptepkite kotletus padažu. Palikite neuždengtą ir dar 1½–2 minutes pakaitinkite ant „Full". Patiekite su virtais ryžiais arba bulvių koše.

Itališki mėsos kukuliai

Tarnauja 4

15 ml/2 šaukštai alyvuogių aliejaus

1 svogūnas, sutarkuotas

2 česnako skiltelės, susmulkintos

450 g / 1 svaras / 4 puodeliai liesos maltos (maltos) jautienos

75 ml/5 šaukštai šviežių baltų džiūvėsėlių

1 kiaušinis, sumuštas

10 ml/2 šaukštelio druskos

400 g / 14 uncijos / 1¾ puodeliai passata (sijoti pomidorai)

10 ml/2 šaukštelio tamsiai minkšto rudojo cukraus

5 ml/1 arbatinis šaukštelis džiovinto baziliko arba raudonėlio

Aliejų supilkite į gilų 20 cm/8 skersmens indą. Sudėkite svogūną ir česnaką. Virkite neuždengę ant pilnos ugnies 4 minutes. Mėsą sumaišykite su džiūvėsėliais, kiaušiniu ir puse druskos. Suformuokite 12 mažų rutuliukų. Įdėkite į indą ir neuždengę kepkite ant pilnos ugnies 5 minutes, kepimo laikui įpusėjus apversdami kotletus. Stovėkite maišydami passatą, cukrų, raudonėlį ir likusią druską. Supilkite ant kotletų. Uždenkite lipnia plėvele (plastikine plėvele) ir du kartus perpjaukite, kad išeitų garai. Kepkite ant Full 10 minučių, tris kartus apversdami indą. Prieš patiekdami leiskite pastovėti 3 minutes.

Greiti paprikos kukuliai

Tarnauja 4-6

Tai tinka su paprastomis virtomis bulvėmis arba mikrobangų krosnelėje keptais traškučiais (fri), jei tikrai skubate!

450 g / 1 svaras / 4 puodeliai liesos maltos (maltos) jautienos

50 g/2 uncijos/1 puodelis šviežių baltų džiūvėsėlių

1 česnako skiltelė, susmulkinta

1 didelis kiaušinis, sumuštas

300 ml / ½ pt / 1¼ puodelio passata (sijoti pomidorai)

300 ml/½ pt/1¼ stiklinės verdančio vandens

30 ml/2 šaukštai džiovintų raudonųjų ir žaliųjų (bulgarų) pipirų dribsnių

10 ml/2 šaukštelio paprika

5 ml/1 šaukštelis kmynų (nebūtina)

10 ml/2 šaukštelio tamsiai minkšto rudojo cukraus

5 ml/1 šaukštelis druskos

150 ml / 5 uncijos / 2/3 puodelio raugintos (pieninės grietinės)

grietinėlės

Sumaišykite mėsą, džiūvėsėlius, česnaką ir kiaušinį. Suformuokite 12 rutuliukų. Išdėliokite gilaus 20 cm/8 skersmens indo kraštą. Passata sumaišykite su vandeniu. Įmaišykite pipirų dribsnius, papriką, kmynus, jei naudojate, ir cukrų. Šaukštu uždėkite mėsos kukulius. Uždenkite lipnia plėvele (plastikine plėvele) ir du kartus perpjaukite, kad išeitų garai. Kepkite ant Full 15 minučių, tris kartus apversdami indą. Leiskite pastovėti 5 minutes, tada atidenkite ir įmaišykite druską ir grietinę. Pakaitinkite neuždengtą ant viso 2 minutes.

Žolelių jautienos švediško stalo gabalėlis

Tarnauja 8

900 g / 2 svarai / 8 puodeliai maltos (maltos) jautienos

2 dideli kiaušiniai, sumušti

1 jautienos sultinio kubelio

1 nedidelis svogūnas, smulkiai sutarkuotas

60 ml/4 a.š paprastų (universalių) miltų

45 ml/3 šaukštai pomidorų kečupo (catsup)

10 ml/2 šaukštelio džiovintų žolelių mišinio

10 ml/2 šaukštelis sojos padažo

Mėtų lapeliai ir nulupti apelsino griežinėliai, papuošti

Kruopščiai sumaišykite visus ingredientus, išskyrus sojos padažą. Paskirstykite į 1¼ litro / 2 pt / 5 puodelio riebalais išteptą stačiakampę formą, panašią į kepimo skardą (keptuvą). Viršų aptepkite sojos padažu. Uždenkite lipnia plėvele (plastikine plėvele) ir du kartus perpjaukite, kad išeitų garai. Virkite 10 minučių, tada leiskite pastovėti mikrobangų krosnelėje 5 minutes. Kepkite ant Defrost dar 12 minučių, keturis kartus apversdami indą. Leiskite pastovėti 5 minutes, tada atidenkite ir atsargiai nusausinkite riebalų ir sulčių perteklių, kuriuos galima naudoti padažams ir padažams ruošti. Palikite, kol atvės, tada atsargiai perkelkite į serviravimo indą ir papuoškite mėtų lapeliais bei apelsino griežinėliais. Patiekite pjaustytą.

Malaizietiška žemės riešutų jautiena su kokosu

Tarnauja 4

2 svogūnai, smulkiai pjaustyti

1 česnako skiltelė, susmulkinta

450 g/1 svaras/4 puodeliai ypač liesos maltos (maltos) jautienos

125 g/4 uncijos/½ puodelio traškaus žemės riešutų sviesto

45 ml/3 šaukštai džiovinto (susmulkinto) kokoso

2,5 ml/½ šaukštelio aitriųjų paprikų padažo

15 ml/1 valgomasis šaukštas sojos padažo

2,5 ml / ½ šaukštelio druskos

300 ml/½ pt/1¼ stiklinės verdančio vandens
175 g / 6 uncijos / 1½ puodelio ryžių, virtų
Rytietiški marinuoti agurkai, papuošti (nebūtina)

Sudėkite svogūnus, česnakus ir jautieną į 1,5 litro / 2½ pt / 6 puodelio troškinimo indą (olandiška orkaitė). Gerai išmaišykite šakute, įsitikinkite, kad jautiena gerai susmulkinta. Uždenkite lipnia plėvele (plastikine plėvele) ir du kartus perpjaukite, kad išeitų garai. Kepkite ant Full 8 minutes, du kartus apversdami indą. Atidenkite ir įmaišykite visus likusius ingredientus, išskyrus ryžius. Uždenkite, kaip ir anksčiau, ir kepkite ant Full dar 8 minutes, tris kartus apversdami indą. Leiskite pastovėti 3 minutes. Atidenkite ir išmaišykite, tada patiekite su virtais ryžiais ir rytietiškais marinuotais agurkais, jei pageidaujate.

Greitas jautienos ir majonezo kepalas

Tarnauja 6

Superinis vakarienės pagrindinis patiekalas, prabangesnis nei tikėtumėtės iš taip greitai pagaminamo patiekalo.

750 g / 1½ svaro / 6 puodeliai liesos maltos (maltos) jautienos
15 ml/1 valgomasis šaukštas džiovintų raudonųjų ir žaliųjų (bulgarų) pipirų dribsnių
15 ml/1 valgomasis šaukštas smulkiai pjaustytų petražolių
7,5 ml/1½ šaukštelio svogūnų druskos
30 ml/2 a.š. paprastų (universalių) miltų

60 ml/4 šaukštai tiršto majonezo

7,5 ml/1 ½ šaukštelio garstyčių miltelių

5 ml/1 šaukštelis sojos padažo

Gilų 20 cm/8 skersmens indą kruopščiai ištepkite riebalais. Jautieną sumaišykite su visais likusiais ingredientais ir tolygiai paskirstykite į indą. Uždenkite lipnia plėvele (plastikine plėvele) ir du kartus perpjaukite, kad išeitų garai. Kepkite ant Full 12 minučių, keturis kartus apversdami indą. Leiskite pastovėti 5 minutes, tada dviem mentelėmis iškelkite kepalą iš indo, palikdami riebalus. Perkelkite į pašildytą serviravimo lėkštę ir supjaustykite į šešias dalis, kad patiektumėte.

Raudonajame vyne virta jautiena

Tarnauja 4

Protingas ir stilingas patiekalas, ypač patiekiamas su klasikiniu makaronų sūriu ar savojos bulvėmis ir galbūt konservuotomis artišokų širdelėmis, pašildytomis trupučiu sviesto.

30 ml/2 šaukštai sviesto arba margarino

2 dideli svogūnai, sutarkuoti

1 česnako skiltelė, susmulkinta

125 g/4 uncijos grybų, plonais griežinėliais

450 g/1 svaro antgalio kepsnys, supjaustytas mažais kubeliais
15 ml/1 valgomasis šaukštas pomidorų tyrės (pasta)
15 ml/1 valgomasis šaukštas kapotų petražolių
15 ml/1 valgomasis šaukštas kukurūzų miltų (kukurūzų krakmolo)
5 ml/1 šaukštelis stiprių pagamintų garstyčių
300 ml/½ pt/1¼ puodelio sauso raudonojo vyno
5 ml/1 šaukštelis druskos

Įdėkite sviestą arba margariną į 20 cm/8 skersmens troškinimo indą
(olandiška orkaitė). Ištirpinkite, neuždengę, ant Atšildymo 1–1,5
minutės. Įmaišykite svogūnus, česnakus ir grybus. Virkite neuždengę
ant pilnos ugnies 5 minutes. Įmaišykite kepsnį, tada perkelkite mišinį į
indo kraštą, kad susidarytų žiedas, o centre palikite nedidelę įdubą.
Uždenkite lėkšte ir kepkite ant Full 5 minutes. Tuo tarpu sumaišykite
pomidorų tyrę, petražoles, kukurūzų miltus ir garstyčias. Sklandžiai
sumaišykite su trupučiu raudonojo vyno, tada įmaišykite likusį kiekį.
Švelniai įmaišykite į kepsnių mišinį. Uždenkite lėkšte ir kepkite ant
Full 5 minutes, du kartus pamaišydami. Leiskite pastovėti 3 minutes.
Įmaišykite druską, tada patiekite.

Kaltiniai baklažanai

Tarnauja 6-8

750 g/1½ svaro baklažanų (baklažanų)

1 citrinos sultys

20 ml/4 šaukštelio alyvuogių aliejaus

1-2 česnako skiltelės, susmulkintos

250 ml / 8 fl oz / 1 puodelis iš varškės arba varškės

15 ml/1 valgomasis šaukštas susmulkintų mėtų lapelių

1,5 ml/¼ šaukštelio smulkaus cukraus

7,5–10 ml/1½–2 šaukšteliai druskos

Baklažanų viršų ir uodegą perpjaukite per pusę. Išdėliokite juos ant didelės lėkštės, nupjaukite kraštais žemyn ir uždenkite virtuviniu popieriumi. Kepkite ant pilnos ugnies 8–9 minutes arba kol suminkštės. Mėsą iš žievelės išskobkite tiesiai į virtuvinį kombainą ir sudėkite likusius ingredientus. Apdorokite iki vientisos ir kreminės tyrės. Sudėkite į serviravimo dubenį, uždenkite ir prieš patiekdami šiek tiek atvėsinkite.

Baklažanų padažas su pomidorais ir mišriomis žolelėmis

Tarnauja 6-8

750 g/1½ svaro baklažanų (baklažanų)
5 ml/1 šaukštelis susmulkintų mėtų lapelių
75 ml/3 šaukštelio kapotų kalendros (kalendros) lapelių
5 ml/1 šaukštelis kapotų petražolių
3 pomidorai, blanširuoti, nulupti, be sėklų ir smulkiai supjaustyti

Baklažanų viršų ir uodegą perpjaukite per pusę. Išdėliokite juos ant didelės lėkštės, nupjaukite kraštais žemyn ir uždenkite virtuviniu popieriumi. Kepkite ant pilnos ugnies 8–9 minutes arba kol suminkštės. Minkštimą iš odelių išskobkite tiesiai į virtuvinį kombainą ir sudėkite likusius ingredientus, išskyrus pomidorus. Apdorokite iki vientisos ir kreminės tyrės. Įmaišykite pomidorus, tada šaukštu sudėkite į serviravimo dubenį, uždenkite ir prieš patiekdami šiek tiek atvėsinkite.

Artimųjų Rytų baklažanai ir Tahini Dip

Tarnauja 6-8

750 g/1½ svaro baklažanų (baklažanų)

45 ml/3 šaukštai tahini (sezamo sėklų pasta)

1 mažos citrinos sultys

1 česnako skiltelė, smulkiai pjaustyta

25 ml/1½ šaukšto alyvuogių aliejaus

1 mažas svogūnas, supjaustytas

60 ml/4 šaukštai stambiai pjaustytų kalendros (kalendros) lapelių

5 ml/1 arbatinis šaukštelis smulkaus cukraus

5–10 ml/1–2 šaukšteliai druskos

Baklažanų viršų ir uodegą perpjaukite per pusę. Išdėliokite juos ant didelės lėkštės, nupjaukite kraštais žemyn ir uždenkite virtuviniu popieriumi. Kepkite ant pilnos ugnies 8–9 minutes arba kol suminkštės. Mėsą iš odelių išskobkite tiesiai į virtuvinį kombainą. Įpilkite likusių ingredientų ir druskos pagal skonį. Apdorokite iki vientisos ir kreminės tyrės. Sudėkite į serviravimo dubenį ir patiekite kambario temperatūroje.

Turkiškas baklažanų padažas

Tarnauja 6-8

750 g/1½ svaro baklažanų (baklažanų)

30 ml/2 šaukštai alyvuogių aliejaus

1 didelės citrinos sultys

2,5–5 ml / ½–1 šaukštelis druskos

2,5 ml/½ šaukštelio smulkaus cukraus

Juodosios alyvuogės, raudonosios (bulgarinės) paprikos juostelės ir

pomidorų skiltelės, papuošti

Baklažanų viršų ir uodegą perpjaukite per pusę. Išdėliokite juos ant didelės lėkštės, nupjaukite kraštais žemyn ir uždenkite virtuviniu popieriumi. Kepkite ant pilnos ugnies 8–9 minutes arba kol suminkštės. Mėsą iš žievelės išskobkite tiesiai į virtuvinį kombainą ir sudėkite likusius ingredientus. Apdorokite iki pusiau lygios tyrės. Supilkite į serviravimo indą ir papuoškite alyvuogėmis, raudonaisiais pipirais ir pomidorų griežinėliais.

Graikiškas baklažanų padažas

Tarnauja 6-8

750 g/1 ½ svaro baklažanų (baklažanų)

1 nedidelis svogūnas, stambiai sutarkuotas

2 česnako skiltelės, smulkiai supjaustytos

5 ml/1 arbatinis šaukštelis salyklo acto

5 ml/1 šaukštelis citrinos sulčių

150 ml / ¼ pt / 2/3 puodelio švelnaus alyvuogių aliejaus

2 dideli pomidorai, blanširuoti, išskobti sėklas ir stambiai supjaustyti

Petražolių, žaliųjų arba raudonųjų (bulgarų) pipirų žiedeliai ir mažos

juodosios alyvuogės papuošimui

Baklažanų viršų ir uodegą perpjaukite per pusę. Išdėliokite juos ant didelės lėkštės, nupjaukite kraštais žemyn ir uždenkite virtuviniu popieriumi. Kepkite ant pilnos ugnies 8–9 minutes arba kol suminkštės. Minkštimą iš odelių išskobkite tiesiai į virtuvinį kombainą ir supilkite svogūną, česnaką, actą, citrinos sultis ir aliejų. Apdorokite iki vientisos tyrės. Supilkite į didelį dubenį ir įmaišykite pomidorus. Sukraukite į serviravimo indą ir papuoškite petražolėmis, pipirų žiedeliais ir alyvuogėmis.

Bagna Cauda

Tarnauja 4-6

Nepaprastai turtingas ir nepakartojamas ančiuvių padažas iš Italijos, kurį pagaminus reikia palaikyti šiltai virš spiritinės viryklės ant valgomojo stalo. Dunkai paprastai yra žalios arba virtos daržovės. Naudokite tik švelnų ir švelnų blyškiai auksinį aukščiausios kokybės pirmojo spaudimo alyvuogių aliejų, kitaip skonis gali būti per stiprus.

30 ml/2 šaukštai alyvuogių aliejaus
25 g/1 uncijos/2 šaukštai nesūdyto (saldaus) sviesto
1 česnako skiltelė, susmulkinta
50 g/2 uncijos/1 nedidelės skardinės ančiuvių filė aliejuje
60 ml/4 šaukštai smulkiai pjaustytų petražolių
15 ml/1 a.š. smulkiai pjaustytų baziliko lapelių

Sudėkite aliejų, sviestą ir česnaką į nemetalinį ugniai atsparų dubenį. Įpilkite aliejaus iš ančiuvių skardinės, petražolių ir baziliko. Smulkiai supjaustykite ančiuvius ir suberkite į dubenį. Iš dalies uždenkite dubenį lėkšte ir virkite ant Defrost 3–4 minutes, kol padažas tik sušils. Perkelkite ant uždegtos spiritinės viryklės ir valgydami palaikykite šiltai.

Baklažanų troškinys

Tarnauja 4

Luizianos receptas, grįžęs su manimi iš šios garuojančios Šiaurės Amerikos dalies.

2 baklažanai (baklažanai), iš viso apie 550 g/1¼ svaro

1 saliero stiebas, smulkiai pjaustytas

1 didelis svogūnas, smulkiai pjaustytas

½ žaliosios (bulgarinės) paprikos, išskobtos ir smulkiai pjaustytos

30 ml/2 šaukštai saulėgrąžų arba kukurūzų aliejaus

3 pomidorai, nulupti ir supjaustyti

75 g/3 uncijos/1½ puodelio šviežių baltų džiūvėsėlių

Druska ir šviežiai malti juodieji pipirai

50 g / 2 uncijos / ½ puodelio Čedaro sūrio, tarkuoto

Aštriu peiliu nupjaukite kiekvieno baklažano odelę išilgai iki galo.
Dėkite ant lėkštės, uždenkite virtuviniu popieriumi ir kepkite ant Full 6
minutes, vieną kartą apversdami. Jie turėtų jaustis minkšti, bet jei ne,
kepkite dar 1–2 minutes. Kiekvieną perpjaukite per pusę, tada supilkite
minkštimą į maišytuvą arba virtuvinį kombainą ir išmeskite odeles.
Perdirbti iki tyrės. Sudėkite salierą, svogūną, žaliąją papriką ir aliejų į
2 1/3½ pt/8½ puodelio troškintuvą (olandiška orkaitė), uždenkite lėkšte
ir kepkite ant pilno 3 minutes. Sumaišykite baklažanų tyrę, pomidorus,
džiūvėsėlius, druską ir pipirus pagal skonį ir virkite ant pilno kaitinimo
dar 3 minutes. Atidenkite, pabarstykite sūriu ir neuždengę pakaitinkite
ant Full 2 minutes. Prieš patiekdami leiskite pastovėti 2 minutes.

Marinuoti kokteiliniai grybai

Tarnauja 8

60 ml/4 šaukštai raudonojo vyno acto

60 ml/4 šaukštai saulėgrąžų arba kukurūzų aliejaus

1 svogūnas, labai plonais griežinėliais

5 ml/1 šaukštelis druskos

15 ml/1 valgomasis šaukštas kapotų kalendros (kalendros) lapelių

5 ml/1 šaukštelis švelnių pagamintų garstyčių

15 ml/1 a.š. šviesiai minkšto rudojo cukraus

5 ml/1 arbatinis šaukštelis Vusterio padažo

Kajano pipirai

350 g/12 uncijų grybų

Įdėkite actą, aliejų, svogūną, druską, kalendrą, garstyčias, cukrų ir Vusterio padažą į 2 litrų / 3½ pt / 8½ puodelio troškintuvą (olandišką orkaitę), pabarstę kajeno pipirais. Uždenkite lėkšte ir kaitinkite ant Full 6 minutes. Įmaišykite grybus. Kai atvės, uždenkite ir atvėsinkite apie 12 valandų. Nusausinkite ir patiekite su kreminiu padažu.

Įdaryti kepti baklažanai su kiaušiniais ir pušies riešutais

Tarnauja 2

2 baklažanai (baklažanai), iš viso apie 550 g/1¼ svaro

10 ml/2 šaukštelio citrinos sulčių

75 g/3 uncijos/1½ puodelio šviežių baltų arba rudų džiūvėsėlių

45 ml/3 šaukštai skrudintų pušies riešutų

7,5 ml/1½ šaukštelio druskos

1 česnako skiltelė, susmulkinta

3 kietai virti (kietai virti) kiaušiniai, susmulkinti

60 ml/4 šaukštai pieno

5 ml/1 arbatinis šaukštelis džiovintų žolelių mišinio

20 ml/4 šaukštelio alyvuogių aliejaus

Aštriu peiliu nupjaukite kiekvieno baklažano odelę išilgai iki galo. Dėkite ant lėkštės, uždenkite virtuviniu popieriumi ir kepkite ant Full 6 minutes, vieną kartą apversdami. Jie turėtų jaustis minkšti, bet jei ne, kepkite dar 1–2 minutes. Kiekvieną per pusę perpjaukite išilgai įbrėžimo, tada supilkite minkštimą į maišytuvą arba virtuvinį kombainą, palikdami odeles nepažeistus. Įpilkite citrinos sulčių ir sutrinkite iki vientisos tyrės. Supilkite į dubenį ir sumaišykite visus likusius ingredientus, išskyrus aliejų. Šaukštu sudėkite į baklažanų odeles, tada išdėliokite lėkštėje siaurais galais link centro. Ant viršaus

užpilkite aliejaus, uždenkite virtuviniu popieriumi ir 4 minutes
pakaitinkite ant Full. Valgykite karštą arba šaltą.

Graikiški grybai

Tarnauja 4

1 puokštė garni paketėlis

1 česnako skiltelė, susmulkinta

2 lauro lapai

60 ml / 4 šaukštai vandens

30 ml/2 šaukštai citrinos sulčių

15 ml/1 valgomasis šaukštas vyno acto

15 ml/1 valgomasis šaukštas alyvuogių aliejaus

5 ml/1 šaukštelis druskos

450 g grybų

30 ml/2 šaukštai kapotų petražolių

Į didelį dubenį sudėkite visus ingredientus, išskyrus grybus ir
petražoles. Uždenkite lėkšte ir kaitinkite ant Full 4 minutes. Įmaišykite
grybus, uždenkite, kaip anksčiau, ir kepkite ant „Full" dar 3,5 minutės.
Atvėsinkite, uždenkite, tada keletą valandų atvėsinkite. Išimkite
puokštę garni, tada nusausinimo šaukštu iškelkite grybus į keturias
lėkštes, kiekvieną apibarstykite petražolėmis ir patiekite.

Artišokų vinaigretė

Tarnauja 4

450 g/1 svaras topinambų
Vinaigretės padažas, naminis arba pirktas
10 ml/2 šaukštelio kapotų petražolių
5 ml/1 šaukštelis susmulkinto peletrūno

Sudėkite artišokus ir šiek tiek vandens į indą ir uždenkite lėkšte. Kepkite ant Full 10 minučių, du kartus apversdami indą. Kruopščiai nusausinkite ir stambiai supjaustykite. Dar šiltą aptepkite vinaigretės padažu. Padalinkite į keturias lėkštes ir pabarstykite petražolėmis ir peletrūnu.

Cezario salotos

Tarnauja 4

Unikalios salotos, sukurtos dvidešimtajame dešimtmetyje Cezario Cardini, kuriose neįprastai puošia kiaušinius. Tai nepaprastai paprastas užkandis, tačiau pasižymi klasikiniu prašmatnumu.

1 cos (romėnų) salotos, atšaldytos
1 česnako skiltelė, susmulkinta
60 ml/4 šaukštai aukščiausios kokybės pirmojo spaudimo alyvuogių aliejaus
Druska ir šviežiai malti juodieji pipirai
2 dideli kiaušiniai
5 ml/1 arbatinis šaukštelis Vusterio padažo
2 citrinų sultys, perkoštos
90 ml/6 šaukštai šviežiai tarkuoto parmezano sūrio
50 g/2 uncijos/1 puodelis česnakinių krutonų

Salotas supjaustykite 5 cm/2 gabalėliais ir sudėkite į salotų dubenį su česnaku, aliejumi ir prieskoniais pagal skonį. Švelniai išmeskite. Norėdami suminkštinti kiaušinius, javų dubenį išklokite maistine plėvele (plastikine plėvele) ir įmuškite kiaušinius. Virkite, neuždengę, ant Atšildymo 1½ minutės. Sudėkite į salotų dubenį su visais likusiais ingredientais ir vėl plakite, kol gerai susimaišys. Išdėliokite vakarienės lėkštėse ir patiekite iš karto.

Olandiška cikorija su kiaušiniu ir sviestu

Tarnauja 4

8 galvutės cikorijos (Belgijos endyvijos)

30 ml/2 šaukštai citrinos sulčių

75 ml/5 šaukštai verdančio vandens

5 ml/1 šaukštelis druskos

75 g/3 uncijos/1/3 puodelio sviesto, virtuvės temperatūros ir gana

minkšto

4 kietai virti (kietai virti) kiaušiniai, susmulkinti

Cikoriją nupjaukite ir nuo kiekvienos pagrindo išpjaukite po kūgio formos gabalėlį, kad nesusidarytų kartaus skonio. Cikorijas išdėliokite vienu sluoksniu į 20 cm/8 skersmens indą ir supilkite citrinos sultis bei vandenį. Pabarstykite druska. Uždenkite lipnia plėvele (plastikine plėvele) ir du kartus perpjaukite, kad garai galėtų išeiti. Kepkite iki galo 15 minučių. Leiskite pastovėti 3 minutes, tada nukoškite. Kol cikorija kepa, išplakite sviestą iki šviesios ir kreminės masės. Įmaišykite kiaušinius. Išdėliokite cikorijas į keturias pašildytas lėkštes ir aptepkite kiaušinių mišiniu. Valgykite iš karto.

Kiaušinių majonezas

Tarnauja 1

*Vienas iš standartinių Prancūzijos užkandžių – kiaušinių majonezas –
tikrai skanus ir gali būti įvairus pagal skonį.*

Susmulkinti salotų lapai
1–2 kietai virti (kietai virti) kiaušiniai, perpjauti per pusę
Majonezo padažas arba naudokite pirktą majonezą
4 konservuotos ančiuvių filė aliejuje
1 pomidoras, supjaustytas griežinėliais

Išdėliokite salotas ant lėkštės. Viršų aptepkite kiaušiniais, nupjaukite
šonais žemyn. Gana storai aptepkite majonezu, tada pagal skonį
papuoškite ančiuviais ir pomidorų griežinėliais.

Kiaušiniai su Skordalia majonezu

Tarnauja 4

Supaprastinta sudėtingo česnako ir džiūvėsėlių majonezo padažo versija, papildanti visą kiaušinių skonį ir tekstūrą.

150 ml / ¼ pt / 2/3 puodelio majonezo padažo

1 česnako skiltelė, susmulkinta

10 ml/2 a.š. šviežių baltų džiūvėsėlių

15 ml/1 valgomasis šaukštas maltų migdolų

10 ml/2 šaukštelio citrinos sulčių

10 ml/2 šaukštelio kapotų petražolių

Susmulkinti salotų lapai

2 arba 4 kietai virti (kietai virti) kiaušiniai, perpjauti per pusę

1 raudonasis svogūnas, labai plonais griežinėliais

Mažos graikiškos juodosios alyvuogės, papuošti

Sumaišykite majonezą, česnaką, džiūvėsėlius, migdolus, citrinos sultis ir petražoles. Išdėliokite salotas ant lėkštės, ant viršaus uždėkite kiaušinių puseles. Aptepkite majonezo mišiniu, tada papuoškite svogūnų griežinėliais ir alyvuogėmis.

Scotch Woodcock

Tarnauja 4

*Tai priklauso senajai miesto džentelmenų klubų lygai ir, patiekiama
karšta, išlieka viena populiariausių kanapių rinkoje.*

4 riekelės duonos
Sviestas
Gentleman's Relish arba ančiuvių pasta
2 kiekiai itin kreminės plaktos kiaušinienės
Keletas konservuotų ančiuvių filė aliejuje, papuošimui

Duoną paskrudinkite, tada aptepkite sviestu. Plonai pertepkite
Gentleman's Relish arba ančiuvių pasta, kiekvieną griežinėlį
supjaustykite į ketvirčius ir laikykite šiltai. Padarykite itin kreminę
plaktą kiaušinienę ir šaukštu uždėkite ant skrebučio ketvirčių.
Papuoškite ančiuvių filė.

Kiaušiniai su švedišku majonezu

Tarnauja 4

Susmulkinti salotų lapai

1–2 kietai virti (kietai virti) kiaušiniai, perpjauti per pusę

25 ml/1½ šaukšto obuolių tyrės (obuolių padažo)

Cukraus (labai smulkus) cukrus

150 ml/¼ pt/2/3 puodelio majonezo padažo arba naudokite pirktą

majonezą

5 ml/1 šaukštelis krienų padažo

5–10 ml/1–2 šaukšteliai juodųjų arba oranžinių ikrų

1 raudona odele valgomas (desertinis) obuolys, plonais griežinėliais

Išdėliokite salotas ant lėkštės. Viršų aptepkite kiaušiniais, nupjaukite šonais žemyn. Obuolių tyrę lengvai pasaldinkite cukraus pudra, tada įmaišykite į majonezą su krienų padažu. Šiuo mišiniu aptepkite kiaušinius, tada papuoškite ikrais ir obuolių griežinėlių juostele.

Turkiškos pupelių salotos

Tarnauja 6

Turkijoje tai vadinama fesulya plaki ir iš esmės yra konservuotų
(jūrinių) pupelių ir Viduržemio jūros regiono daržovių derinys. Tai
ekonomiškas užkandis, o ant šono prašosi traškios duonos.

75 ml/5 šaukštai alyvuogių aliejaus
2 svogūnai, smulkiai sutarkuoti
2 česnako skiltelės, susmulkintos
1 didelis prinokęs pomidoras, blanširuotas, nuluptas, išskobtas
sėklomis ir susmulkintas
1 žalia (bulgarinė) paprika, išskobta ir labai smulkiai pjaustyta
10 ml/2 arbatiniai šaukšteliai smulkaus cukraus
75 ml / 5 šaukštai vandens
2,5–5 ml / ½–1 šaukštelis druskos
30 ml/2 šaukštai kapotų krapų (krapų piktžolės)
400 g / 14 uncijos / 1 didelės skardinės paprastosios pupelės,
nusausintos

Aliejų, svogūnus ir česnakus sudėkite į 1,75 litro / 3 pt / 7½ puodelio
indą ir neuždengę 5 minutes kepkite ant pilnos ugnies, du kartus
maišydami. Sumaišykite pomidorus, žaliuosius pipirus, cukrų, vandenį
ir druską. Du trečdalius uždenkite lėkšte ir kepkite ant Full 7 minutes,
du kartus pamaišydami. Leiskite visiškai atvėsti, tada uždenkite ir

atvėsinkite keletą valandų. Įmaišykite krapus ir pupeles. Vėl uždenkite ir atvėsinkite dar valandą.

Pupelių salotos su kiaušiniu

Tarnauja 6

Paruoškite kaip ir turkiškas pupelių salotas, bet kiekvieną porciją papuoškite kietai virto (kietai virto) kiaušinio griežinėliais.

Vazoninis kiperis

Tarnauja 6

275 g/10 uncijų kiperio filė

75 g / 3 uncijos / 1/3 puodelio grietinėlės sūrio

½ citrinos sultys

2,5 ml/½ šaukštelio angliškų arba žemyninių garstyčių

1 česnako skiltelė, smulkiai pjaustyta (nebūtina)

Karšti skrebučiai arba pikantiški sausainiai (krekeriai), patiekti

Kippers mikrobangų krosnelėje. Nuimkite odą ir kaulus, o minkštimą susmulkinkite. Perkelkite į virtuvinį kombainą su likusiais ingredientais ir trinkite, kol susidarys pasta. Supilkite į nedidelį indą ir išlyginkite viršų. Uždenkite ir atvėsinkite, kol sutvirtės. Patiekite užteptą ant karštų skrebučių ar pikantiškų sausainių.

Vazoninės krevetės

Tarnauja 4

Kitas tipiškas britų atgaivinimo receptas. Patiekite su ką tik pagamintais plonais baltais skrebučiais.

175 g/6 uncijos/¾ puodelio nesūdyto (saldaus) sviesto
225 g/8 uncijos/2 puodeliai mažyčių krevečių
Žiupsnelis kvapiųjų pipirų
baltasis pipiras
Skrudinta duona, patiekti

Sudėkite sviestą į dubenį ir uždenkite lėkšte. Mikrobangų krosnelėje pilnai kepkite apie 2–3 minutes, kol išsilydys. Du trečdalius sviesto sumaišykite su krevetėmis, tada pagal skonį pagardinkite kvapiaisiais pipirais ir pipirais. Šaukštu supilkite į keturis atskirus puodus arba ramekin indus (grietinėlės puodelius). Tolygiai aptepkite likusiu sviestu. Atvėsinkite, kol sviestas sustings. Išverskite į lėkštes ir valgykite su skrebučiais.

Kepti įdaryti kiaušiniai avokadai

Tarnauja 4

Apleistas aštuntojo dešimtmečio receptas, dažnai pasirenkamas lengvam užkandžiui ar sočiam užkandžiui.

2 salierų stiebeliai, smulkiai pjaustyti
60 ml/4 šaukštai šviežių baltų džiūvėsėlių
2,5 ml/½ šaukštelio smulkiai tarkuotos citrinos žievelės
5 ml/1 šaukštelis svogūnų druskos
2,5 ml/½ šaukštelio paprikos
45 ml/3 šaukštai vienos (lengvos) grietinėlės
Šviežiai malti juodieji pipirai
2 vidutiniai–stambūs ką tik prinokę avokadai
2 dideli kietai virti (kietai virti) kiaušiniai, susmulkinti
20 ml/4 šaukštelis skrudintų džiūvėsėlių
20 ml/4 šaukštelis lydyto sviesto

Sumaišykite salierą, baltus džiūvėsėlius, citrinos žievelę, svogūnų druską, papriką ir grietinėlę ir pagal skonį įberkite pipirų. Avokadus perpjaukite per pusę ir išimkite kauliukus (kauliukus). Išskobkite dalį minkštimo, kad atsirastų vietos įdarui, ir stambiai sutrinkite.

Minkštimą sudėkite į trupinių mišinį su kiaušiniais. Gerai išmaišykite ir supilkite į avokado lukštus. Išdėliokite ant lėkštės smailiais galais į centrą. Pabarstykite skrudintais džiūvėsėliais, tada ant viršaus

užtepkite sviesto. Uždenkite virtuviniu popieriumi ir pašildykite ant
Full 4–5 minutes. Valgykite iš karto.

Pomidorais ir sūriu įdaryti avokadai

Patiekiama 2 kaip pagrindinis patiekalas, 4 kaip užkandis

Šlovingas mišinys, puikiai tinkantis vegetarams ir visiems kitiems,

mąstantiems panašiai.

2 dideli prinokę avokadai

½ laimo sultys

50 g/2 uncijos/1 puodelis minkštų rudų džiūvėsėlių

1 nedidelis svogūnas, smulkiai sutarkuotas

2 pomidorai, blanširuoti, nulupti ir supjaustyti

Druska ir šviežiai malti juodieji pipirai

50 g / 2 uncijos / ½ puodelio kietojo sūrio, tarkuoto

paprika

8 skrudinti lazdyno riešutai

Perpjaukite avokadus per pusę ir atsargiai išskobkite minkštimą tiesiai
į dubenį. Supilkite laimo sultis ir smulkiai sutrinkite šakute. Įmaišykite
džiūvėsėlius, svogūną ir pomidorus su druska ir pipirais pagal skonį.
Sudėkite į avokado lukštus ir pabarstykite sūriu bei paprika. Kiekvieną
pusę apibarstykite dviem lazdyno riešutais. Išdėliokite ant didelės
lėkštės smailiais galais į centrą. Laisvai uždenkite virtuviniu
popieriumi ir kepkite ant Full 5–5½ min. Patiekite iš karto.

Skandinaviškas Rollmop ir obuolių salotos

Tarnauja 4

75 g/3 uncijos džiovintų obuolių žiedai

150 ml / ¼ pt / 2/3 puodelio vandens

3 suktinukai su svogūnais

150 ml/¼ pt/2/3 puodelio plakimo arba dvigubos (sunkios) grietinėlės

Traškučiai, patiekti

Nuplaukite obuolių žiedus, supjaustykite gabalėliais, sudėkite į vidutinio dydžio dubenį ir supilkite vandenį. Uždenkite lėkšte ir kaitinkite ant Full 5 minutes. Leiskite pastovėti 5 minutes, tada gerai nusausinkite. Atsukite rulonus ir supjaustykite juos įstrižomis juostelėmis. Suberkite į obuolį su svogūnais ir įmaišykite grietinėlę. Uždenkite ir marinuokite per naktį šaldytuve. Prieš patiekdami išmaišykite, tada išdėliokite į atskiras lėkštes ir patiekite su traškia duona.

Rollmop ir obuolių salotos su kario padažu

Tarnauja 4

Ruoškite kaip skandinavišką vyniotinį ir obuolių salotas, tačiau grietinėlę pakeiskite puse majonezo ir grietinėlės kremu. Pagal skonį pagardinkite kario pasta.

Lapinės salotos su ožkos sūriu ir šiltu padažu

Tarnauja 4

12 mažų apvalių salotų lapelių

1 dėžutė kreso

20 raketų lapų

4 atskiri ožkos sūriai

90 ml/6 šaukštai vynuogių kauliukų aliejaus

30 ml/2 šaukštai lazdyno riešutų aliejaus

10 ml/2 šaukštelio apelsinų gėlių vandens

10 ml/2 šaukštelio Dižono garstyčių

45 ml/3 šaukštai ryžių arba sidro acto

10 ml/2 arbatiniai šaukšteliai smulkaus cukraus

5 ml/1 šaukštelis druskos

Nuplaukite ir nusausinkite salotų lapus. Apipjaustykite, nuplaukite ir išdžiovinkite kresą. Nuplaukite ir nusausinkite raketą. Patraukliai išdėliokite šias tris keturiose atskirose lėkštėse ir kiekvienoje jų centre įdėkite po sūrį. Visus likusius ingredientus sudėkite į dubenį ir neuždengę kaitinkite ant Defrost 3 minutes. Maišykite, kad susimaišytų, tada šaukštu uždėkite ant kiekvienos salotos.

Pomidorų želė želė

Tarnauja 4

142

4 pomidorai, blanširuoti, nulupti ir supjaustyti

5 ml/1 šaukštelis smulkiai supjaustyto šviežio imbiero šaknies

5 ml/1 arbatinis šaukštelis smulkiai tarkuotos laimo žievelės

20 ml/4 šaukštelio miltelių želatina

750 ml / 1¼ pt / 3 puodeliai vištienos sultinio

30 ml/2 šaukštai pomidorų tyrės (pastos)

5 ml/1 arbatinis šaukštelis Vusterio padažo

5 ml/1 arbatinis šaukštelis smulkaus cukraus

5 ml/1 šaukštelis salierų druskos

20 ml/4 šaukštelis crème fraîche

Skrudintos sezamo sėklos, pabarstymui

Sūrio sausainiai (krekeriai), patiekti

Pomidorus po lygiai padalinkite į keturias dideles vyno taures, tada pabarstykite imbieru ir laimo žievele. Želatiną sudėkite į 1,5 litro / 2½ pt / 6 puodelio dubenį su 75 ml / 5 šaukštais sultinio ir palikite 5 minutes suminkštėti. Ištirpinkite, neuždengę, ant Atšildymo maždaug 2 minutes. Likusį sultinį įmaišykite su pomidorų tyrele, Vusterio padažu, cukrumi ir salierų druska. Švelniai išplakite iki vientisos masės, tada atvėsinkite tik tol, kol pradės šiek tiek tirštėti. Šaukštu uždėkite ant pomidorų, tada atvėsinkite, kad sustingtų. Prieš patiekdami su sūrio sausainiais, ant kiekvieno užpilkite 5 ml/1 arbatinį šaukštelį crème fraîche ir pabarstykite sezamo sėklomis.

Įdaryti pomidorai

Tarnauja 4

Skanus, bet nesudėtingas užkandis, skanus patiekiamas ant svieste
pateptų skrebučių arba česnakiniame svieste keptos (troškintos)
duonos gabalėlių.

6 pomidorai
1 svogūnas, sutarkuotas
50 g/2 uncijos/1 puodelis šviežių baltų džiūvėsėlių
5 ml/1 šaukštelis pagamintų garstyčių
5 ml/1 šaukštelis druskos
15 ml/1 valgomasis šaukštas smulkintų česnakų arba petražolių
50 g/2 uncijos/½ puodelio kapotos šaltai virtos mėsos arba
paukštienos, kapotų krevečių (krevečių) arba tarkuoto sūrio
1 nedidelis kiaušinis, sumuštas

Pomidorus perpjaukite per pusę, o centrus išmeskite į dubenį,
išmeskite kietas šerdis. Padėkite lukštus aukštyn kojom ant virtuvinio
popieriaus, kad nuvarvėtų. Visus likusius ingredientus sudėkite į
dubenį ir sudėkite pomidorų minkštimą. Gerai išmaišykite šakute, kad
sumaišytumėte, tada šaukštu vėl sudėkite į pomidorų puseles.
Išdėliokite į du žiedus, vienas kito viduje, aplink pietų lėkštės kraštą.
Uždenkite virtuviniu popieriumi ir kepkite ant Full 7 minutes tris
kartus apversdami lėkštę. Patiekite karštą, vienai porcijai palikdami
tris puses.

Itališki įdaryti pomidorai

Tarnauja 4

6 pomidorai

75 g/3 uncijos/1 ½ puodelio šviežių rudų džiūvėsėlių

175 g / 6 uncijos / 1 ½ puodeliai Mocarelos sūrio, tarkuoto

2,5 ml/½ šaukštelio džiovinto raudonėlio

2,5 ml / ½ šaukštelio druskos

10 ml/2 šaukštelio susmulkintų baziliko lapelių

1 česnako skiltelė, susmulkinta

1 nedidelis kiaušinis, sumuštas

Pomidorus perpjaukite per pusę, o centrus išmeskite į dubenį, išmeskite kietas šerdis. Padėkite lukštus aukštyn kojom ant virtuvinio popieriaus, kad nuvarvėtų. Visus likusius ingredientus sudėkite į dubenį ir sudėkite pomidorų minkštimą. Gerai išmaišykite šakute, kad sumaišytumėte, tada šaukštu vėl sudėkite į pomidorų puseles. Išdėliokite į du žiedus, vienas kito viduje, aplink pietų lėkštės kraštą. Uždenkite virtuviniu popieriumi ir kepkite ant Full 7–8 minutes tris kartus apversdami lėkštę. Patiekite karštą arba šaltą, vienai porcijai palikdami tris puses.

Pomidorų ir vištienos salotų puodeliai

Tarnauja 4

450 ml / ¾ pt / 2 puodeliai vištienos sultinio

15 ml/1 a.š. želatinos milteliai

30 ml/2 šaukštai pomidorų tyrės (pastos)

1 nedidelis svogūnas, smulkiai sutarkuotas

5 ml/1 arbatinis šaukštelis smulkaus cukraus

1 mažas žalias (bulgarų) pipiras, supjaustytas mažais kubeliais

175 g/6 uncijos/1½ puodelio šaltai virtos mėsos, smulkiai pjaustytos

1 morka, tarkuota

2 konservuotų ananasų žiedai (nesvieži arba želė nesustings)

2 kietai virti (kietai virti) kiaušiniai, sutarkuoti

Pusę sultinio supilkite į 1,5 litro / 2½ pt / 6 puodelių dubenį.
Įmaišykite želatiną ir palikite 5 minutes suminkštėti. Ištirpinkite,
neuždengę, ant Atšildymo 2–2,5 minutės. Supilkite likusį sultinį, gerai
išmaišykite, kad susimaišytų. Uždenkite ir atvėsinkite, kol atvės ir tik
pradės tirštėti, tada sudėkite visus likusius ingredientus, išskyrus
kiaušinius. Padalinkite į keturis stiklinius dubenėlius ir atvėsinkite, kol
sustings. Prieš patiekdami apšlakstykite kiaušiniu.

Susmulkintas kiaušinis ir svogūnas

Patiekiama 4 kaip užkandis, 6 kaip užkandis

Įspūdinga ištisus metus veikianti žydų klasika, kurią geriausia valgyti su traškiais sausainiais, tokiais kaip tradiciniai matzo. Didelis privalumas yra kiaušinių kepimas mikrobangų krosnelėje – nėra garuose virintos virtuvės ir puodo, kurį būtų galima plauti. Čia siūlomas sviestas ar bet koks margarinas, tačiau ortodoksų bendruomenė naudotų tik augalinį margariną.

5 kietai virti (kietai virti) kiaušiniai, nulupti ir smulkiai supjaustyti
40 g/1½ uncijos/3 šaukštai sviesto arba margarino, suminkštinto
1 svogūnas, smulkiai sutarkuotas
Druska ir šviežiai malti juodieji pipirai
Salotų lapai arba petražolės, papuošti

Susmulkintus kiaušinius sumaišykite su sviestu arba margarinu. Įmaišykite svogūną ir pagardinkite pagal skonį. Sukraukite į keturias lėkštes ir kiekvieną papuoškite salotų lapeliais arba petražolėmis.

Quiche Lorraine

Tarnauja 4-6

Originalus prancūziškas quiche arba pikantiškas lėkštė su įvairių variantų „šeima".

Tešlai (pastatai):

175 g/6 uncijos/1½ puodelio paprastų (universalių) miltų

1,5 ml/¼ šaukštelio druskos

100 g/3½ uncijos/nedaug ½ puodelio sviesto, sumaišyto su margarinu, baltais kepimo riebalais arba taukais arba naudokite visą margariną

1 nedidelis kiaušinio trynys

Įdarui:

6 griežinėliai (griežinėliai) dryžuotos šoninės

3 kiaušiniai

300 ml/½ pt/1¼ puodelio pilno grietinėlės pieno arba vienos (lengvos) grietinėlės

2,5 ml/½ lygio šaukštelio druskos

Šviežiai malti juodieji pipirai

Tarkuoto muskato riešuto

Norėdami pagaminti tešlą, į dubenį persijokite miltus ir druską. Įtrinkite riebaluose, kol masė taps panaši į smulkius džiūvėsėlius, tada su šaltu vandeniu išmaišykite iki standžios tešlos. Suvyniokite į foliją ir šaldykite ½–¾ valandos. Išverskite ant miltais pabarstyto paviršiaus ir greitai ir lengvai minkykite iki vientisos masės. Iškočiokite į ploną apskritimą ir išklokite 20 cm/8 skersmens stiklinį, porcelianinį arba keramikinį lėkštę. Viršutinį kraštą suspauskite į mažas riekeles, tada subadykite šakute. Kepkite neuždengtą ant Full 6 minutes, du kartus apversdami indą. Jei pyragas vietomis išsipūtęs, švelniai paspauskite ranka, apsaugota orkaitės pirštine. Viską aptepkite kiaušinio tryniu ir kepkite ant „Full" 1 minutę, kad uždarytumėte visas skylutes. Ruošdami įdarą palikite pastovėti.

Šoninės riekeles išdėliokite ant virtuviniu popieriumi išklotos lėkštės, uždenkite kitu virtuvinio popieriaus lapu ir kepkite ant Full 5 minutes, vieną kartą apversdami. Nusausinkite ir leiskite šiek tiek atvėsti. Kiekvieną bėrimą supjaustykite į tris dalis ir uždėkite ant konditerijos dėklo pagrindo. Kiaušinius išplakite su pienu arba grietinėle ir pagal skonį pagardinkite druska ir pipirais. Atsargiai perkoškite į šoninę ir pabarstykite muskato riešutu. Kepkite neuždengtą ant viso, keturis kartus apversdami indą 10–12 minučių arba tol, kol burbuliukai pradės lūžti per centrą. Prieš pjaustydami leiskite pastovėti 10 minučių. Valgykite šiltą arba šaltą.

Sūris ir pomidorų kišas

Tarnauja 4-6

Paruoškite kaip ir Quiche Lorraine, tačiau šoninę pakeiskite trimis nuluptais ir griežinėliais supjaustytais pomidorais.

Rūkyta lašiša

Tarnauja 4-6

Paruoškite kaip Quiche Lorraine, bet šoninę pakeiskite 175 g/6 uncijos rūkytos lašišos, supjaustytos juostelėmis.

Krevetės Quiche

Tarnauja 4-6

Paruoškite kaip ir Quiche Lorraine, tačiau šoninę pakeiskite 175 g/6 uncijos/1½ puodelio kapotų krevečių (krevečių).

Špinatų kišas

Tarnauja 4-6

Paruoškite kaip Quiche Lorraine, bet keptuvės pagrindą uždenkite 175 g/6 oz virtų špinatų, iš kurių buvo išsuktas visas vanduo, o ne šoninę.

(Špinatai turi būti kuo sausesni, nes kitaip tešla (pasta) taps permirkusi.)

Viduržemio jūros kišas

Tarnauja 4-6

Paruoškite kaip ir Quiche Lorraine, bet uždenkite lėkštės pagrindą 185 g/6½ uncijos/1 mažos skardinės tuno dribsniais ir jo aliejumi, 12 juodųjų alyvuogių (be kauliukų) ir 20 ml/4 šaukštelio pomidorų tyrės (pasta) lašinių.

Šparagų kišas

Tarnauja 4-6

Paruoškite kaip Quiche Lorraine, bet vietoj šoninės pakeiskite 350 g/12 uncijų didelės skardinės šparagų ietis. Kruopščiai nusausinkite, palikite šešias ietis, o likusias supjaustykite. Naudokite, kad uždengtumėte flanšo pagrindą. Papuoškite rezervuotomis ietimis.

Deviled graikiniai riešutai

Tarnauja 4-6

225 g/8 uncijos/2 puodeliai graikinių riešutų puselių

50 g / 2 uncijos / ¼ puodelio sviesto

10 ml/2 šaukštelio kukurūzų aliejaus

5 ml/1 arbatinis šaukštelis garstyčių miltelių

5 ml/1 šaukštelis paprika

5 ml/1 šaukštelis salierų druskos

5 ml/1 šaukštelis svogūnų druskos

2,5 ml/½ šaukštelio aitriosios paprikos miltelių

Druska

Paskrudinkite graikinių riešutų puseles. Įkaitinkite sviestą ir aliejų negiliame inde, neuždengtame ant pilno sluoksnio, 1½ minutės. Suberkite riešutus ir švelniai sumaišykite su sviestu ir aliejumi, kol gerai susimaišys. Palikite neuždengtą ir virkite ant Full 3–4 minutes, dažnai vartydami ir atidžiai stebėdami, ar jie nepradės per ruduoti. Nusausinkite ant virtuvinio popieriaus. Sudėkite į plastikinį maišelį su garstyčių milteliais, paprika, salierų druska, svogūnų druska, čili milteliais ir druska pagal skonį. Laikyti hermetiškame inde.

Kepti braziliški riešutai

Tarnauja 4-6

225 g/8 uncijos/2 puodeliai braziliškų riešutų, storai supjaustytų
50 g / 2 uncijos / ¼ puodelio sviesto
10 ml/2 šaukštelio kukurūzų aliejaus
20 ml/4 šaukštelis švelnaus, vidutinio ar karšto kario miltelių
Druska

Skrudinkite brazilinius riešutus. Įkaitinkite sviestą ir aliejų negiliame inde, neuždengtame ant pilno sluoksnio, 1½ minutės. Suberkite riešutus ir švelniai sumaišykite su sviestu ir aliejumi, kol gerai susimaišys. Palikite neuždengtą ir virkite ant Full 3–4 minutes, dažnai vartydami ir atidžiai stebėdami, ar jie nepradės per ruduoti. Nusausinkite ant virtuvinio popieriaus. Įmeskite į plastikinį maišelį su kario milteliais ir druska pagal skonį. Laikyti hermetiškame inde.

Mėlynasis sūris ir pekano riešutas

Tarnauja 4-6

Sudėtingas quiche šeimos papildymas.

Tešlai (pastatai):

175 g/6 uncijos/1½ puodelio paprastų (universalių) miltų

1,5 ml/¼ šaukštelio druskos

100 g/3½ uncijos/nedaug ½ puodelio sviesto, sumaišyto su margarinu,

baltais kepimo riebalais arba taukais arba naudokite visą margariną

45 ml/3 šaukštai smulkiai pjaustytų pekano riešutų

1 nedidelis kiaušinio trynys

Įdarui:

200 g / 7 uncijos / nedaug 1 puodelis riebaus kreminio sūrio

30–45 ml / 2–3 šaukštai susmulkintų česnakų arba laiškinių svogūnų

125 g / 4 uncijos / dosnus 1 puodelis mėlynojo sūrio, sutrupintas

5 ml/1 šaukštelis paprika

3 kiaušiniai

60 ml/4 šaukštai viso grietinėlės pieno arba vienkartinės (lengvos)

grietinėlės

Druska ir šviežiai malti juodieji pipirai

Norėdami pagaminti tešlą, į dubenį persijokite miltus ir druską.
Įtrinkite riebaluose, kol mišinys primins smulkius džiūvėsėlius, tada
suberkite smulkintus riešutus. Išmaišykite iki vientisos tešlos su šaltu
vandeniu. Suvyniokite į foliją ir šaldykite ½–¾ valandos. Išverskite

ant miltais pabarstyto paviršiaus ir greitai ir lengvai minkykite iki vientisos masės. Iškočiokite į ploną apskritimą ir išklokite 20 cm/8 skersmens stiklinį, porcelianinį arba keramikinį lėkštę. Viršutinį kraštą suspauskite į mažas riekeles, tada subadykite šakute. Kepkite neuždengtą ant Full 6 minutes, du kartus apversdami indą. Jei pyragas vietomis išsipūtęs, švelniai paspauskite ranka, apsaugota orkaitės pirštine. Viską aptepkite kiaušinio tryniu ir kepkite ant „Full" 1 minutę, kad uždarytumėte visas skylutes. Ruošdami įdarą palikite pastovėti.

Įdaro ingredientus sudėkite į virtuvinį kombainą, pagal skonį pagardinkite druska ir pipirais ir plakite, kol masė taps vientisa. Sklandžiai paskirstykite į dėklą (pyrago apvalkalą). Kepkite ant Atšildymo 14 minučių, tris kartus apversdami indą. Leiskite pastovėti 5 minutes. Valgykite šiltą arba šaltą.

Sočiųjų kepenų paštetas

Tarnauja 8-10

Puikus patiekiamas su karštais skrebučiais vakarėliuose ar specialiose vakarienėse.

250 g / 9 uncijos / dosnus 1 puodelis sviesto
1 česnako skiltelė, susmulkinta
450 g / 1 svaro vištienos kepenėlės
1,5 ml/¼ šaukštelio tarkuoto muskato riešuto
Druska ir šviežiai malti juodieji pipirai

Įdėkite 175 g sviesto į 1,75 litro / 3 pt / 7½ puodelio indą ir neuždengę 2 minutes ištirpinkite ant Full. Įmaišykite česnaką. Kiekvieną vištienos kepenėlių gabalėlį pradurkite peilio galu ir sudėkite į patiekalą. Gerai sumaišykite su sviestu. Uždenkite lėkšte ir kepkite ant Full 8 minutes, du kartus pamaišydami. Įmaišykite muskato riešutą, tada gerai pagardinkite pagal skonį. Per du batc

Karšta ir rūgšti krabų sriuba

Tarnauja 6

Gausus Kinijos indėlis, lengvai padaromas malonumas.

1 litras / 1¾ tšk. / 4¼ puodeliai paukštienos sultinio

225 g/7 uncijos/1 nedidelė skardinė vandens kaštonų, stambiai pjaustytų

225 g/7 uncijos/1 maža skardinė supjaustyti bambuko ūgliais vandenyje

75 g/3 uncijos grybų, plonais griežinėliais

150 g/5 uncijos tofu, supjaustyto mažais kubeliais

175 g/6 uncijos/1 nedidelės skardinės krabų mėsa sūryme, nenusausinta ir mėsa susmulkinta

15 ml/1 valgomasis šaukštas kukurūzų miltų

15 ml/1 valgomasis šaukštas vandens

30 ml/2 šaukštai salyklo acto

15 ml/1 valgomasis šaukštas sojos padažo

5 ml/1 arbatinis šaukštelis sezamo aliejaus

2,5 ml / ½ šaukštelio druskos

1 didelis kiaušinis, sumuštas

Supilkite sultinį į 2 litrų / 3½ pt / 8½ puodelio dubenį. Įpilkite vandens kaštonų ir bambuko ūglių skardinių turinį. Sudėkite grybus ir tofu bei krabų mėsos skardinės turinį. Išmaišykite. Uždenkite dubenį lipnia plėvele (plastikine plėvele) ir du kartus perpjaukite, kad išeitų garai.

Kepkite iki galo 15 minučių. Atsargiai atidenkite, kad

nesusidegintumėte garais, ir gerai išmaišykite, kad susimaišytų.

Kukurūzų miltus sklandžiai išmaišykite su vandeniu ir actu, tada

įmaišykite likusius ingredientus. Švelniai įmaišykite į sriubą.

Uždenkite kaip ir anksčiau ir virkite ant Full 4 minutes. Išmaišykite ir

uždenkite didele lėkšte arba puodo dangčiu. Leiskite pastovėti 2

minutes. Patiekite karštą porcelianiniuose dubenėliuose.

Lengva rytietiška sriuba

Patiekiama 3-4

400 ml/16 fl oz/1 didelės skardinės mulligatawny sriuba

400 ml/16 fl oz/1 didelės skardinės kokosų pieno

Druska

Aitriosios paprikos milteliai

Smulkinta kalendra (kalendra)

Popadoms, tarnauti

Supilkite sriubą ir kokosų pieną į 1,75 litro / 3 pt / 7½ puodelio dubenį. Įberkite druskos pagal skonį. Kaitinkite neuždengtą ant Full 7–8 minutes, du kartus pamaišydami. Supilstykite į šiltus dubenėlius, pabarstykite aitriosios paprikos milteliais ir kalendra ir patiekite su popadomais.

Kepenų koldūnų sriuba

Tarnauja 4

50 g/2 uncijos/1 puodelis šviežių baltų džiūvėsėlių

50 g / 2 uncijos / ½ puodelio vištienos kepenėlių, maltų (maltų)

15 ml/1 valgomasis šaukštas labai smulkiai pjaustytų petražolių ir

papildomai papuošimui

5 ml/1 šaukštelis tarkuoto svogūno

1,5 ml/¼ šaukštelio mairūno

1,5 ml/¼ šaukštelio druskos

Šviežiai malti juodieji pipirai

½ kiaušinio, sumuštas

750 ml / 1¼ pts / 3 puodeliai skaidraus jautienos arba vištienos

sultinio arba atskiesto konservuoto koncentruoto konsomė

Visus ingredientus, išskyrus sultinį arba konsomę, sudėkite į maišymo dubenį. Kruopščiai išmaišykite ir suformuokite 12 mažų koldūnų. Supilkite sultinį arba konsomę į gilų 1,5 litro / 2½ pt / 6 puodelių dubenį ir uždenkite lėkšte. Visiškai pakaitinkite iki virimo, palikite apie 8–10 minučių. Sudėkite koldūnus. Virkite neuždengę 3–4 minutes, kol kukuliai pakils ir išplauks ant sriubos viršaus. Supilkite į šiltus dubenėlius, pabarstykite papildomai petražolėmis ir patiekite iš karto.

Kreminė morkų sriuba

Tarnauja 6

30 ml/2 šaukštai kukurūzų miltų (kukurūzų krakmolo)
550 g/1¼ svaro/1 didelės skardinės morkos
450 ml / ¾ pt / 2 puodeliai šalto pieno
7,5–10 ml/1½–2 šaukšteliai druskos
300 ml/½ pt/1¼ puodelio karšto vandens
60 ml/4 šaukštai vienos (lengvos) grietinėlės

Kukurūzų miltus sudėkite į 3 litrų / 5¼ pt / 12 puodelių dubenį. Sklandžiai sumaišykite su skysčiu iš morkų skardinės. Blenderiu arba virtuviniu kombainu sutrinkite morkas iki tyrės. Įpilkite į dubenį su pienu ir druska. Virkite neuždengę 12 minučių, kol sutirštės, švelniai plakdami keturis ar penkis kartus, kad būtų užtikrintas lygumas. Praskieskite karštu vandeniu. Supilkite į pašildytus dubenėlius ir į kiekvieną porciją supilkite po 10 ml/2 šaukštelio grietinėlės.

Atšaldyta morkų ir porų sriuba

Tarnauja 6

1 didelis poras, supjaustytas ir kruopščiai nuplautas
4 didelės morkos, plonais griežinėliais
3 mažos-vidutinės bulvės, supjaustytos mažais kubeliais
150 ml / ¼ pt / 2/3 puodelio karšto vandens
600 ml / 1 pt / 2½ puodeliai daržovių sultinio
300 ml / ½ pt / 1¼ puodelio vienkartinės (lengvos) grietinėlės
Druska ir šviežiai malti juodieji pipirai
Susmulkinti rėžiukai

Porą stambiai supjaustykite. Visas daržoves sudėkite į 2 litrų/3½ pt/8½ puodelio indą su karštu vandeniu. Uždenkite lipnia plėvele (plastikine plėvele) ir du kartus perpjaukite, kad išeitų garai. Virkite ant pilnos ugnies 15 minučių, kol daržovės suminkštės. Perkelkite į trintuvą arba virtuvinį kombainą su skysčiu iš indo ir išmaišykite iki vientisos tyrės, jei reikia, įpilkite šiek tiek sultinio. Supilkite į didelį dubenį ir supilkite likusį sultinį. Uždenkite ir atvėsinkite. Prieš patiekdami, švelniai supilkite grietinėlę ir pagardinkite pagal skonį. Supilkite į sriubos puodelius ir kiekvieną apibarstykite kresais.

Morkų ir kalendrų sriuba

Tarnauja 6

Paruoškite kaip ir grietinėlės morkų sriubą, bet su morkomis į trintuvą arba virtuvinį kombainą įdėkite saują šviežių kalendrų (kalendros) lapelių. Grietinėlės galima pridėti kaip papildomą priedą.

Morkų su apelsinų sriuba

Tarnauja 6

Paruoškite kaip ir grietinėlės morkų sriubą, tačiau įpusėjus virti į sriubą įpilkite 10 ml/2 šaukštelio tarkuotos apelsino žievelės. Kiekvieną porciją užpilkite plakta grietinėle, į kurią įdėta šiek tiek Grand Marnier.

Kreminė salotų sriuba

Tarnauja 6

75 g/3 uncijos/1/3 puodelio sviesto arba margarino

2 svogūnai, susmulkinti

225 g/8 uncijos apvalios minkštos salotos, supjaustytos juostelėmis

600 ml / 1 pt / 2½ puodelio grietinėlės pieno

30 ml/2 šaukštai kukurūzų miltų (kukurūzų krakmolo)

300 ml/½ pt/1¼ puodelio karšto vandens arba daržovių sultinio

2,5 ml / ½ šaukštelio druskos

Ištirpinkite 50 g / 2 uncijos / ¼ puodelio sviesto arba margarino 1,75 litro / 3 pt / 7½ puodelio dubenyje ant Atšildymo 2 minutes. Sumaišykite svogūnus ir salotas. Uždenkite lėkšte ir kepkite ant Full 3½ minutės. Perkelkite į maišytuvą su vienu trečdaliu pieno. Sumaišykite iki vientisos tyrės. Grįžkite į dubenį. Kukurūzų miltus tolygiai sumaišykite su 60 ml/4 šaukštais likusio pieno. Supilkite į sriubą su visu likusiu pienu, karštu vandeniu arba sultiniu ir druska. Virkite neuždengę ant pilnos ugnies 15 minučių, dažnai plakdami, kad užtikrintumėte vientisumą. Patiekite pašildytuose dubenėliuose, į kiekvieną įpilant 5 ml/1 šaukštelio sviesto.

Žalioji tyrės sriuba

Tarnauja 4-6

1 didelės apvalios salotos

125 g / 4 uncijos rėžiukų arba jaunų špinatų

1 poras, tik balta dalis, supjaustytas griežinėliais

300 ml/½ pt/1¼ puodelio karšto vandens

60 ml/4 šaukštai kukurūzų miltų (kukurūzų krakmolo)

300 ml/½ pt/1¼ puodelio šalto pieno

25 g/1 uncijos/2 šaukštai sviesto arba margarino

Druska

Krutonai, patiekti

Kruopščiai nuplaukite salotas ir rėžiukus arba špinatus ir susmulkinkite. Sudėkite į 1,5 litro/2½ pt/6 puodelio dubenį su poru ir vandeniu. Uždenkite lipnia plėvele (plastikine plėvele) ir du kartus perpjaukite, kad išeitų garai. Virkite 10 minučių, du kartus apversdami dubenį. Leiskite atvėsti 10 minučių. Perkelkite į trintuvą ir sutrinkite iki vientisos tyrės. Grįžkite į dubenį. Kukurūzų miltus sklandžiai išmaišykite su pienu. Įpilkite į dubenį su sviestu arba margarinu ir druska pagal skonį. Virkite neuždengę ant pilnos ugnies, tris kartus maišydami 8–10 minučių arba tol, kol vamzdelis įkais ir šiek tiek sutirštės. Supilkite į pašildytus sriubos dubenėlius ir į kiekvieną įdėkite krutonų.

Pastarnoko ir petražolių sriuba su Wasabi

Tarnauja 6

Su subtiliu vasabi krienų atspalviu, tai intriguojančio skonio, labai originali sriuba, turinti tik pastarnoko saldumo užuominą.

30 ml/2 šaukštai kukurūzų arba saulėgrąžų aliejaus
450 g/1 svaro pastarnokai, nulupti ir supjaustyti griežinėliais
900 ml / 1½ pts / 3¾ puodeliai gerai aromatizuoto karšto daržovių arba vištienos sultinio
10 ml/2 šaukštelis japoniško vasabi miltelių
30 ml/2 šaukštai kapotų petražolių
150 ml/¼ pt/2/3 puodelio vienkartinio (lengvo) grietinėlės

Supilkite aliejų į 2 litrų / 3½ pt / 8½ puodelio indą. Sudėkite pastarnokus. Uždenkite lipnia plėvele (plastikine plėvele) ir du kartus perpjaukite, kad išeitų garai. Kepkite ant Full 7 minutes, du kartus apversdami indą. Įpilkite sultinio ir vasabi miltelių. Uždenkite lėkšte ir kepkite ant Full 6 minutes. Leiskite šiek tiek atvėsti, tada trintuvu sutrinkite iki vientisos masės. Grįžkite į dubenį. Įmaišykite petražoles. Uždenkite kaip ir anksčiau ir virkite ant Full 5 minutes. Įmaišykite grietinėlę ir patiekite.

Saldžiųjų bulvių sriuba

Tarnauja 6

Paruoškite kaip ir pastarnokų ir petražolių sriubą su Wasabi, tačiau pastarnokus pakeiskite pjaustytomis, apelsinų minkštimo saldžiomis bulvėmis.

Kreminė daržovių sriuba

Tarnauja 4-6

Labai naudinga sriuba – naudokite bet kokį daržovių derinį, kurį mėgstate ar turite.

450 g/1 svaro mišrių šviežių daržovių

1 svogūnas, susmulkintas

25 g / 1 uncijos / 2 šaukštai sviesto arba margarino arba 30 ml / 2 šaukštai saulėgrąžų aliejaus

175 ml / 6 fl oz / ¾ puodelio vandens

450 ml/¾ pt/2 puodeliai pieno arba pieno ir vandens sumaišyti

15 ml/1 valgomasis šaukštas kukurūzų miltų (kukurūzų krakmolo)

2,5 ml / ½ šaukštelio druskos

Susmulkintos petražolės

Paruoškite daržoves pagal rūšį ir supjaustykite mažais gabalėliais. Sudėkite į 2 litrų/3½ pt/8½ puodelio dubenį su svogūnu, sviestu, margarinu arba aliejumi ir 30 ml/2 šaukštais vandens. Uždenkite lėkšte ir keturis kartus pamaišydami kepkite ant pilnos ugnies 12–14 minučių, kol suminkštės. Sutrinkite trintuvu iki vientisos masės. Grįžkite į dubenį su trimis ketvirtadaliais pieno arba pienu ir vandeniu. Kukurūzų miltus tolygiai sumaišykite su likusiu skysčiu ir suberkite į

dubenį su druska. Virkite neuždengę ant pilnos ugnies 6 minutes,
keturis kartus maišydami. Supilkite į sriubos dubenėlius ir kiekvieną
pabarstykite petražolėmis.

Žaliųjų žirnių sriuba

Tarnauja 4-6

Paruoškite kaip ir grietinėlės daržovių sriubą, tačiau sumaišytas
daržoves ir svogūną pakeiskite 450 g/1 svaro šaldytų sodo žirnių.
Vietoj petražolių lengvai papuoškite kapotomis mėtomis.

Skvošo sriuba

Tarnauja 4-6

Ruoškite kaip ir kreminę daržovių sriubą, tačiau sumaišytas daržoves
ir svogūną pakeiskite 450 g/1 svaro nuluptų ir kubeliais pjaustytų
cukinijų (cukinijų), čiulpų, moliūgų, riešutmedžio arba turbano
moliūgų. Kiekvieną porciją vietoj petražolių apibarstykite tarkuotu
muskato riešutu.

Kreminė grybų sriuba

Tarnauja 4-6

Ruoškite kaip grietinėlės daržovių sriubą, tačiau daržovių ir svogūnų
mišinius pakeiskite grybais.

Kreminė moliūgų sriuba

Tarnauja 6-8

Daugiausia tinka Helovinui, tačiau atšaldyta sriuba yra nuostabi, todėl užšaldykite likučius arba pagaminkite papildomą partiją, kol moliūgai yra sezono metu, ir palaikykite vasaros pradžioje.

1,75 kg / 4 svarų šviežias moliūgas, supjaustytas arba visas
2 svogūnai, stambiai pjaustyti
15–20 ml/3–4 šaukšteliai druskos
600 ml / 1 pt / 2½ puodelio grietinėlės pieno
15 ml/1 valgomasis šaukštas kukurūzų miltų (kukurūzų krakmolo)
30 ml/2 šaukštai šalto vandens
2,5 ml/½ šaukštelio tarkuoto muskato riešuto
Krutonai patiekti (nebūtina)

Moliūgą supjaustykite griežinėliais kaip melioną. Išimkite sėklas, nuplaukite ir išdžiovinkite. Išdėliokite lėkštėje vienu sluoksniu. Skrudinkite lengvai, neuždengę ant pilno 4 minučių. Leiskite atvėsti, tada nuplėškite lukštus ir pašalinkite vidines sėklas. Rezervas. Moliūgą nulupkite, o minkštimą supjaustykite gana dideliais kubeliais. Sudėkite į didelį dubenį su svogūnais ir gerai išmaišykite, kad susimaišytų. Glaudžiai uždenkite lipnia plėvele (plastikine plėvele), bet neperpjaukite. Virkite visą 30 minučių, dubenį apversdami keturis kartus. Išimkite iš orkaitės ir palikite 10 minučių pastovėti.

Sumaišykite moliūgą, svogūnus ir virimo skystį iki tyrės, keliomis partijomis, trintuvu arba virtuviniu kombainu. Grįžkite į dubenį. Įmaišykite druską ir pieną. Kukurūzų miltus tolygiai sumaišykite su vandeniu ir suberkite į tyrę su muskato riešutu. Pakaitinkite neuždengtą ant viso 7 minutes, kas minutę plakdami. Supilkite sriubą į dubenėlius ar puodelius ir pabarstykite skrudintomis moliūgų sėklomis ir (arba) krutonais.

Gaidžio porai sriuba

Tarnauja 6-8

4 vištienos porcijos
4 porai, stambiai susmulkinti
1,25 litro / 2¼ pts / 5½ puodeliai karšto vandens
10 ml/2 šaukštelio druskos
1 puokštė garni paketėlis
50 g/2 uncijos/¼ puodelio lengvai paruošiamų ilgagrūdžių ryžių
12 slyvų be kauliukų

Vištieną nuplaukite ir sudėkite į 20 cm/8 skersmens gilų troškinimo indą (olandiška orkaitė). Sudėkite porus. Uždenkite lipnia plėvele (plastikine plėvele) ir du kartus perpjaukite, kad išeitų garai. Kepkite iki galo 12 minučių. Vištieną išimkite iš indo, mėsą išimkite nuo kaulų ir supjaustykite kąsnio dydžio gabalėliais. Rezervas. Supilkite vandenį į antrą, didelį indą. Įpilkite druskos ir puokštės garni su ryžiais, porais ir skysčiu iš troškinimo indo. Uždenkite lėkšte ir kepkite ant Full 18

minučių. Įmaišykite vištieną ir slyvas. Uždenkite kaip anksčiau ir
kepkite dar 3 minutes. Valgykite, kol labai karšta.

Škotiškas sultinys

Tarnauja 6

30 ml/2 šaukštai perlinių kruopų
225 g/8 uncijos ėrienos filė sprandinė, supjaustyta kąsnio dydžio
kubeliais
1,2 litro / 2 taškai / 5 puodeliai karšto vandens
1 didelis svogūnas, susmulkintas
1 morka, supjaustyta smulkiais kubeliais
1 nedidelė ropė, supjaustyta mažais kubeliais
1 mažas poras, susmulkintas
Druska ir šviežiai malti juodieji pipirai
Susmulkintos petražolės

Mirkykite miežius 4 valandas 75 ml / 5 šaukštuose šalto vandens.
Nusausinkite. Įdėkite ėriuką į 2,25 litro / 4 pt / 10 puodelių dubenį.
Įpilkite karšto vandens ir miežių. Uždenkite lėkšte ir kepkite ant Full 4
minutes. Nugriebti. Įpilkite paruoštų daržovių ir pagal skonį druskos
bei pipirų. Uždenkite kaip anksčiau ir virkite ant Full 25–30 minučių,
kol miežiai suminkštės. Leiskite pastovėti 5 minutes. Supilkite į
pašildytus sriubos dubenėlius ir kiekvieną storai apibarstykite
petražolėmis.

Izraelio vištienos ir avokado sriuba

Patiekiama 4-5

900 ml / 1½ pts / 3¾ puodeliai gero skonio vištienos sultinio
1 didelis prinokęs avokadas, nuluptas ir be kauliukų
30 ml/2 šaukštai šviežių citrinų sulčių

Supilkite vištienos sultinį į 1,5 litro / 2½ pt / 6 puodelių dubenį. Uždenkite lėkšte ir kaitinkite ant Full 9 minutes. Avokado minkštimą sutrinkite su citrinos sultimis iki rupios tyrės. Įmaišykite į karštą sultinį. Uždenkite, kaip ir anksčiau, ir pakaitinkite ant Full 1 minutę. Patiekite karštą.

Avokadų sriuba su burokėliais

Patiekiama 4-5

Paruoškite kaip ir Izraelio vištienos ir avokadų sriubą ir kiekvieną porciją papuoškite 7,5 ml/1½ šaukštelio tarkuotų virtų burokėlių (raudonųjų burokėlių).

Barščiai

Tarnauja 6

450 g žalių burokėlių (raudonųjų burokėlių)

75 ml / 5 šaukštai vandens

1 didelė morka, nulupta ir sutarkuota

1 nedidelė ropė, nulupta ir sutarkuota

1 svogūnas, nuluptas ir sutarkuotas

750 ml / 1¼ pts / 3 puodeliai karšto jautienos arba daržovių sultinio

125 g/4 uncijos baltųjų kopūstų, susmulkintų

15 ml/1 valgomasis šaukštas citrinos sulčių

5 ml/1 šaukštelis druskos

Šviežiai malti juodieji pipirai

90 ml/6 v.š. rūgščios (pieninės grietinės) grietinėlės

Burokėlius gerai nuplaukite, bet palikite nenuluptus. Įdėkite į negilų 20 cm/8 skersmens indą vienu sluoksniu su vandeniu. Uždenkite lipnia plėvele (plastikine plėvele) ir du kartus perpjaukite, kad išeitų garai. Kepkite iki galo 15 minučių. Įdėkite morką, griežinėlį ir svogūną į 2 litrų / 3½ pt / 8½ puodelio dubenį. Nusausinkite ir nulupkite burokėlius ir supjaustykite griežinėliais. Į dubenį su daržovėmis supilkite 150 ml/¼ pt/2/3 puodelio sultinio. Uždenkite kaip ir anksčiau ir virkite ant Full 10 minučių. Sumaišykite likusį sultinį ir visus likusius ingredientus, išskyrus grietinę, pagardinkite pagal skonį. Uždenkite lėkšte ir kepkite ant Full 10 minučių keturis kartus pamaišydami. Supilkite į pašildytus sriubos dubenėlius ir ant kiekvieno užpilkite 15 ml/1 valgomasis šaukštas grietinės.

Šalti barščiai

Tarnauja 6

Paruoškite kaip barščius ir leiskite atvėsti. Nukoškite, kai šalta. Įpilkite 150 ml / ¼ pt / 2/3 puodelio šalto vandens ir 1 didelį virtą burokėlį, stambiai susmulkintą. Leiskite pastovėti 15 minučių. Dar kartą perkoškite. Pagal skonį pasūdykite papildomai citrinos sultimis. Prieš patiekdami keletą valandų atvėsinkite.

Kreminiai šalti barščiai

Tarnauja 6

Paruoškite kaip šaltiems barščiams. Po antrojo perkošimo sutrinkite trintuvu arba virtuviniu kombainu su 250 ml / 8 fl uncijos / 1 puodelio pusės riebumo crème fraîche. Atvėsinkite.

Apelsinų lęšių sriuba

Patiekiama 4-5

125 g / 4 uncijos / ½ puodelio oranžinių lęšių
1 didelis svogūnas, sutarkuotas
1 didelė morka, sutarkuota
½ mažos ropės, sutarkuotos
1 bulvė, tarkuota
20 ml/4 šaukštelio sviesto arba margarino
5 ml/1 arbatinis šaukštelis kukurūzų arba saulėgrąžų aliejaus
30 ml/2 šaukštai kapotų petražolių ir papildomai papuošimui
900 ml / 1½ pts / 3¾ puodeliai karšto vištienos arba daržovių sultinio
Druska ir šviežiai malti juodieji pipirai

Nuplaukite ir nusausinkite lęšius. Daržoves, sviestą arba margariną ir aliejų sudėkite į 2 l/3½ pt/8½ puodelio dubenį. Sudėkite petražoles. Virkite neuždengę 5 minutes tris kartus pamaišydami. Įmaišykite lęšius ir trečdalį karšto sultinio. Pagardinkite pagal skonį. Uždenkite lipnia plėvele (plastikine plėvele) ir du kartus perpjaukite, kad išeitų garai. Virkite ant pilnos ugnies 10 minučių, kol lęšiai suminkštės. (Jei ne, virkite dar 5–6 minutes.) Perkelkite į trintuvą arba virtuvinį kombainą ir sutrinkite iki stambios tyrės. Grįžkite į dubenį su likusiu sultiniu. Uždenkite lėkšte ir pakaitinkite ant Full 6 minutes tris kartus pamaišydami. Patiekite iš karto, kiekvieną porciją papildomai pabarstę petražolėmis.

Apelsinų lęšių sriuba su sūriu ir skrudintais anakardžiais

Patiekiama 4-5

Ruoškite kaip ir apelsinų lęšių sriubą, bet po paskutinio pakaitinimo įmaišykite 60 ml/4 šaukštus tarkuoto Edam sūrio ir 60 ml/4 šaukštus stambiai pjaustytų skrudintų anakardžių riešutų.

Lęšių sriuba su pomidorų garnyru

Patiekiama 4-5

Ruoškite kaip ir apelsinų lęšių sriubą, bet užuot pabarstę petražolėmis, kiekvieną porciją užpilkite 5 ml/1 arbatiniu šaukšteliu saulėje džiovintų pomidorų pastos, tada įdėkite į šviežio pomidoro gabalėlį.

Geltonųjų žirnių sriuba

Tarnauja 6-8

Švediška žirnių sriubos versija, valgoma kiekvieną ketvirtadienį
Švedijoje. Po jo paprastai dedami blynai ir uogienė.

350 g/12 uncijų/1½ stiklinės geltonųjų skaldytų žirnelių, nuplauti
900 ml / 1½ pts / 3¾ puodeliai šalto vandens
5 ml/1 šaukštelis mairūno
1 kumpio kaulas, apie 450–500 g/1 svaras
750 ml / 1¼ pts / 3 puodeliai karšto vandens
5–10 ml/1–2 šaukšteliai druskos

Susmulkintus žirnelius sudėkite į maišymo indą. Įpilkite šalto vandens.
Uždenkite lėkšte ir kepkite ant Full 6 minutes. Leiskite pastovėti 3
valandas. Supilkite žirnius ir mirkymo vandenį į 2,5 litro / 4½ pt / 11
puodelių dubenį. Įmaišykite mairūną ir sudėkite kumpio kaulą.
Uždenkite lipnia plėvele (plastikine plėvele) ir du kartus perpjaukite,
kad išeitų garai. Kepkite iki galo 30 minučių. Sumaišykite pusę karšto
vandens. Uždenkite, kaip ir anksčiau, ir virkite ant Full dar 15
minučių. Nuimkite kaulą. Mėsą nuimkite nuo kaulo ir supjaustykite
mažais gabalėliais. Grįžkite į sriubą su likusiu karštu vandeniu. Pagal
skonį pagardinkite druska. Gerai išmaišykite. Uždenkite lėkšte ir

pakaitinkite ant Full 3 minutes. Jei pageidaujama, sriubą galima atskiesti papildomai verdančiu vandeniu.

Prancūziška svogūnų sriuba

Tarnauja 6

30 ml/2 šaukštai sviesto, margarino arba saulėgrąžų aliejaus
4 svogūnai, plonai supjaustyti ir supjaustyti žiedais
20 ml/4 šaukštelis kukurūzų miltų (kukurūzų krakmolo)
900 ml / 1½ pts / 3¾ puodeliai karšto jautienos sultinio arba konsomė
Druska ir šviežiai malti juodieji pipirai
6 riekelės prancūziškos duonos, supjaustytos įstrižai
90 ml / 6 šaukštai tarkuoto Gruyère (šveicariško) arba Jarlsberg sūrio
paprika

Įdėkite sviestą, margariną arba aliejų į 2 litrų / 3½ pt / 8½ puodelio indą. Kaitinkite neuždengtą ant viso 2 minutes. Į indą įmaišykite svogūnų žiedus. Virkite neuždengę ant pilnos ugnies 5 minutes. Įmaišykite kukurūzų miltus. Palaipsniui įmaišykite pusę karšto sultinio. Uždenkite indą lipnia plėvele (plastikine plėvele) ir du kartus perpjaukite, kad išeitų garai. Kepkite ant pilno 30 minučių, keturis kartus apversdami indą. Įmaišykite likusį sultinį ir pagal skonį pagardinkite. Gerai išmaišykite. Supilkite sriubą į šešis dubenėlius ir į kiekvieną įdėkite po riekelę duonos. Pabarstykite sūriu ir paprika. Kiekvieną dubenį atskirai grąžinkite į mikrobangų krosnelę ir kaitinkite ant Full 1½ minutės, kol sūris išsilydys ir pradės burbuliuoti. Valgykite iš karto.

Minestrone

Tarnauja 8-10

350 g/12 uncijų cukinijų (cukinijų), plonai supjaustytos

225 g/8 uncijos morkų, plonais griežinėliais

225 g/8 uncijos svogūnų, stambiai pjaustytų

125 g/4 uncijos baltųjų kopūstų, susmulkintų

125 g/4 uncijos žalių kopūstų, susmulkintų

3 salierų stiebeliai, plonais griežinėliais

3 bulvės, kubeliais

125 g / 4 uncijos / 1 puodelis šviežių arba šaldytų žirnelių

125 g/4 uncijos šviežių arba šaldytų supjaustytų šparaginių pupelių

400 g / 14 uncijos / 1 didelės skardinės pomidorai

30 ml/2 šaukštai pomidorų tyrės (pastos)

50 g/2 uncijos makaronų, susmulkintų į trumpus gabalus

1 litras / 1¾ tšk. / 4¼ puodelio karšto vandens

15–20 ml/3–4 šaukšteliai druskos

100 g / 3½ uncijos / 1 puodelis tarkuoto parmezano sūrio

Visas paruoštas daržoves sudėkite į 3,5 litro/6 pt/15 puodelių dubenį.

Įmaišykite likusius ingredientus, išskyrus vandenį ir druską, medinio šaukšto nugarėlėmis sulaužydami pomidorus prie dubens šono. Uždenkite didele lėkšte ir virkite ant Full 15 minučių, tris kartus pamaišydami. Sumaišykite maždaug tris ketvirtadalius karšto vandens. Uždenkite kaip ir anksčiau ir virkite ant Full 25 minutes, maišydami keturis ar penkis kartus. Išimkite iš mikrobangų krosnelės. Įmaišykite likusį vandenį ir druską pagal skonį. Jei sriuba atrodo per tiršta, praskieskite papildomai verdančiu vandeniu. Supilkite į gilius dubenėlius ir patiekite su atskirai paduodamu parmezano sūriu.

Minestrone Genovese

Tarnauja 8-10

Paruoškite kaip Minestrone, bet prieš patiekdami įmaišykite 30 ml/2 šaukštai jau paruošto žaliojo pesto.

Itališka bulvių sriuba

Patiekiama 4-5

1 didelis svogūnas, susmulkintas

30 ml/2 šaukštai alyvuogių arba saulėgrąžų aliejaus

4 didelės bulvės

1 nedidelis virto kumpio kaulas

1,25 litro / 2¼ pts / 5½ puodeliai karšto vištienos sultinio

Druska ir šviežiai malti juodieji pipirai

60 ml/4 šaukštai vienos (lengvos) grietinėlės

Tarkuoto muskato riešuto

30 ml/2 šaukštai kapotų petražolių

Sudėkite svogūną ir aliejų į 2,25 litro / 4 pt / 10 puodelių dubenį.
Virkite, neuždengę, ant Atšildymo 5 minutes, du kartus pamaišydami.
Tuo tarpu nulupkite ir sutarkuokite bulves. Įmaišykite į svogūnus ir
įpilkite kumpio kaulo, karšto sultinio ir druskos bei pipirų pagal skonį.
Uždenkite lėkšte ir kepkite ant Full 15–20 minučių, du kartus
pamaišydami, kol bulvės suminkštės. Sumaišykite grietinėlę, supilkite
į sriubos dubenėlius ir pabarstykite muskato riešutu bei petražolėmis.

Šviežių pomidorų ir salierų sriuba

Tarnauja 6-8

*900 g prinokusių pomidorų, blanširuoti, nulupti ir supjaustyti
ketvirčiais*

*50 g / 2 uncijos / ¼ puodelio sviesto arba margarino arba 30 ml / 2
šaukštai alyvuogių aliejaus*

2 salierų stiebeliai, smulkiai pjaustyti

1 didelis svogūnas, smulkiai pjaustytas

30 ml/2 šaukštai tamsiai minkšto rudojo cukraus

5 ml/1 šaukštelis sojos padažo

2,5 ml / ½ šaukštelio druskos

300 ml/½ pt/1 ¼ puodelio karšto vandens

30 ml/2 šaukštai kukurūzų miltų (kukurūzų krakmolo)

150 ml / ¼ pt / 2/3 puodelio šalto vandens

Vidutinis cheresas

Pomidorus sutrinkite trintuvu arba virtuviniu kombainu. Įdėkite
sviestą, margariną arba aliejų į 1,75 litro / 3 pt / 7½ puodelio indą.
Visiškai kaitinkite 1 minutę. Sumaišykite salierą ir svogūną. Uždenkite

lėkšte ir kepkite ant Full 3 minutes. Įpilkite trintų pomidorų, cukraus, sojų padažo, druskos ir karšto vandens. Uždenkite kaip ir anksčiau ir virkite ant Full 8 minutes keturis kartus maišydami. Tuo tarpu kukurūzų miltus tolygiai sumaišykite su šaltu vandeniu. Įmaišykite į sriubą. Virkite, neuždengę, ant pilnos ugnies 8 minutes, keturis kartus maišydami. Supilkite į sriubos dubenėlius ir į kiekvieną įpilkite po šlakelį šerio.

Pomidorų sriuba su avokadų padažu

Tarnauja 8

2 prinokę avokadai

1 nedidelės žaliosios citrinos sultys

1 česnako skiltelė, susmulkinta

30 ml/2 šaukštai garstyčių majonezo

45 ml/3 šaukštai crème fraîche

5 ml/1 šaukštelis druskos

Žiupsnelis ciberžolės

600 ml/20 fl oz/2 skardinės kondensuotos pomidorų sriubos

600 ml/1 pt/2½ stiklinės šilto vandens

2 pomidorai, blanširuoti, nulupti, išskobti sėklas ir supjaustyti ketvirčiais

Avokadus nulupkite ir perpjaukite per pusę, pašalindami kauliukus (kauliukus). Smulkiai sutrinkite minkštimą, tada sumaišykite su laimo sultimis, česnaku, majonezu, crème fraîche, druska ir ciberžole.

Uždenkite ir atvėsinkite, kol prireiks. Supilkite abi skardines sriubos į 1,75 litro / 3 pt / 7½ puodelio indą. Švelniai išplakite vandenyje. Pomidorų minkštimą supjaustykite juostelėmis ir du trečdalius supilkite į sriubą. Uždenkite indą lėkšte ir kepkite ant Full 9 minutes, kol labai įkais, maišydami keturis ar penkis kartus. Supilkite į sriubos dubenėlius ir į kiekvieną įpilkite po kaušelį avokadų padažo. Papuoškite likusiomis pomidorų juostelėmis.

Atšaldyto sūrio ir svogūnų sriuba

Tarnauja 6-8

25 g/1 uncijos/2 šaukštai sviesto arba margarino

2 svogūnai, susmulkinti

2 salierų stiebeliai, smulkiai pjaustyti

30 ml/2 a.š. paprastų (universalių) miltų

900 ml/1½ tšk./3¾ puodeliai šilto vištienos arba daržovių sultinio

45 ml/3 šaukštai sauso baltojo vyno arba baltojo portveino

Druska ir šviežiai malti juodieji pipirai

125 g / 4 uncijos / 1 puodelis mėlynojo sūrio, sutrupintas

125 g / 4 uncijos / 1 puodelis Čedaro sūrio, tarkuoto

150 ml/¼ pt/2/3 puodelio plakamos grietinėlės

Smulkiai pjaustytas šalavijas, papuošimui

Įdėkite sviestą arba margariną į 2,25 litro / 4 pt / 10 puodelių indą. Ištirpinkite, neuždengę, ant Atšildymo 1½ minutės. Sumaišykite svogūnus ir salierus. Uždenkite lėkšte ir kepkite ant Full 8 minutes. Išimkite iš mikrobangų krosnelės. Įmaišykite miltus, tada palaipsniui įmaišykite sultinį ir vyną arba portveiną. Uždenkite kaip ir anksčiau ir virkite ant Full 10–12 minučių, plakdami kas 2–3 minutes, kol sriuba taps vientisa, sutirštės ir karšta. Pagardinkite pagal skonį. Suberkite sūrius ir maišykite, kol ištirps. Uždenkite ir leiskite atvėsti, tada atvėsinkite keletą valandų arba per naktį. Prieš patiekdami, išmaišykite ir švelniai įmaišykite grietinėlę. Supilkite į puodelius ar dubenėlius ir kiekvieną šiek tiek pabarstykite šalaviju.

Šveicariško stiliaus sūrio sriuba

Tarnauja 6-8

25 g/1 uncijos/2 šaukštai sviesto arba margarino
2 svogūnai, susmulkinti
2 salierų stiebeliai, smulkiai pjaustyti
30 ml/2 a.š. paprastų (universalių) miltų
900 ml/1½ tšk./3¾ puodeliai šilto vištienos arba daržovių sultinio
45 ml/3 šaukštai sauso baltojo vyno arba baltojo portveino
5 ml/1 šaukštelis kmynų
1 česnako skiltelė, susmulkinta
Druska ir šviežiai malti juodieji pipirai
225 g / 8 uncijos / 2 puodeliai Ementalio arba Gruyère (Šveicarijos)
sūrio, tarkuoto
150 ml/¼ pt/2/3 puodelio plakamos grietinėlės
Krutonai

Įdėkite sviestą arba margariną į 2,25 litro / 4 pt / 10 puodelių indą. Ištirpinkite, neuždengę, ant Atšildymo 1½ minutės. Sumaišykite svogūnus ir salierus. Uždenkite lėkšte ir kepkite ant Full 8 minutes. Išimkite iš mikrobangų krosnelės. Įmaišykite miltus, tada palaipsniui įmaišykite sultinį ir vyną arba portveiną. Įmaišykite kmynus ir česnaką. Uždenkite kaip anksčiau ir virkite ant Full 10–12 minučių, kas 2–3 minutes plakdami, kol sriuba bus karšta, lygi ir sutirštės. Pagardinkite pagal skonį. Suberkite sūrį ir maišykite, kol ištirps. Įmaišykite grietinėlę. Supilkite į puodelius ar dubenėlius ir patiekite karštus, papuoštus krutonais.

Avgolemono sriuba

Tarnauja 6

1,25 litro / 2¼ pts / 5½ puodeliai karšto vištienos sultinio
60 ml/4 šaukštai rizoto ryžių
2 citrinų sultys
2 dideli kiaušiniai
Druska ir šviežiai malti juodieji pipirai

Supilkite sultinį į gilų 1,75 litro / 3 pt / 7½ puodelio indą. Įmaišykite ryžius. Uždenkite lėkšte ir kepkite ant Full 20–25 minutes, kol ryžiai suminkštės. Kruopščiai suplakite citrinos sultis ir kiaušinius sriubos tyrėje ar kitame dideliame serviravimo inde. Švelniai supilkite sultinį ir ryžius. Prieš patiekdami pagardinkite pagal skonį.

Kreminė agurkų sriuba su pastis

Tarnauja 6-8

900 g/2 svarų agurkų, nuluptų

45 ml/3 šaukštai sviesto arba margarino

30 ml/2 šaukštai kukurūzų miltų (kukurūzų krakmolo)

600 ml / 1 pt / 2½ puodelio vištienos arba daržovių sultinio

300 ml / ½ pt / 1¼ puodelio plaktos grietinėlės

7,5–10 ml/1½–2 šaukšteliai druskos

10 ml/2 šaukštelis Pernod arba Ricard (pastis)

Šviežiai malti juodieji pipirai

Smulkinti krapai (krapų piktžolė)

Agurką labai plonai supjaustykite trintuvu arba virtuvinio kombaino pjaustymo disku. Sudėkite į dubenį, uždenkite ir palikite pastovėti 30 minučių, kad ištekėtų dalis drėgmės. Išgręžkite kuo sausiau švariame rankšluosčiu (indų šluoste). Įdėkite sviestą arba margariną į 2,25 litro / 4 pt / 10 puodelių indą. Ištirpinkite, neuždengę, ant Atšildymo 1½ minutės. Įmaišykite agurką. Uždenkite lėkšte ir virkite ant Full 5 minutes tris kartus pamaišydami. Kukurūzų miltus sklandžiai sumaišykite su šiek tiek sultinio, tada supilkite likusį sultinį. Palaipsniui įmaišykite į agurką. Virkite, neuždengę, ant pilnos ugnies apie 8 minutes, tris ar keturis kartus maišydami, kol sriuba bus karšta, lygi ir sutirštės. Įpilkite grietinėlės, druskos ir pastos ir gerai išmaišykite. Pakaitinkite neuždengtą ant viso 1–1,5 minutės. Pagal skonį pagardinkite pipirais. Supilkite į sriubos dubenėlius ir kiekvieną porciją pabarstykite krapais.

Kario sriuba su ryžiais

Tarnauja 6

Maloniai švelni anglo-indiška vištienos sriuba.

30 ml/2 šaukštai žemės riešutų arba saulėgrąžų aliejaus

1 didelis svogūnas, susmulkintas

3 salierų stiebeliai, smulkiai pjaustyti

15 ml/1 valgomasis šaukštas švelnaus kario miltelių

30 ml/2 šaukštai vidutiniškai sauso šerio

1 litras / 1¾ tšk. / 4¼ puodeliai vištienos arba daržovių sultinio

125 g/4 uncijos/½ puodelio ilgagrūdžių ryžių

5 ml/1 šaukštelis druskos

15 ml/1 valgomasis šaukštas sojos padažo

175 g / 6 uncijos / 1½ puodeliai virtos vištienos, supjaustytos juostelėmis

Tirštas paprastas jogurtas arba crème fraîche patiekimui

Supilkite aliejų į 2,25 litro / 4 pt / 10 puodelių indą. Kaitinkite neuždengtą iki galo 1 minutę. Sudėkite svogūnus ir salierus. Virkite neuždengę ant pilnos ugnies 5 minutes, vieną kartą pamaišydami. Sumaišykite kario miltelius, cheresą, sultinį, ryžius, druską ir sojos padažą. Uždenkite lėkšte ir kepkite ant Full 10 minučių, du kartus pamaišydami. Sudėkite vištieną. Uždenkite kaip ir anksčiau ir virkite ant Full 6 minutes. Supilkite į dubenėlius ir ant kiekvieno užpilkite jogurto arba crème fraîche.

Vichyssoise

Tarnauja 6

Aukštos kokybės ir atšaldyta porų ir bulvių sriubos versija, kurią XX amžiaus pradžioje išrado amerikiečių šefas Louisas Diatas.

2 porai

350 g/12 uncijų bulvių, nuluptų ir supjaustytų griežinėliais

25 g/1 uncijos/2 šaukštai sviesto arba margarino

30 ml/2 šaukštai vandens

450 ml / ¾ pt / 2 puodeliai pieno

15 ml/1 valgomasis šaukštas kukurūzų miltų (kukurūzų krakmolo)

150 ml / ¼ pt / 2/3 puodelio šalto vandens

2,5 ml / ½ šaukštelio druskos

150 ml/¼ pt/2/3 puodelio vienkartinio (lengvo) grietinėlės

Smulkinti česnakai, papuošti

Porus nupjaukite, nupjaukite didžiąją dalį žalumynų. Likusią dalį supjaustykite ir kruopščiai nuplaukite. Supjaustykite storai. Sudėkite į 2 litrų/3½ pt/8½ puodelio indą su bulvėmis, sviestu arba margarinu ir vandeniu. Uždenkite lėkšte ir kepkite ant Full 12 minučių keturis kartus pamaišydami. Perkelkite į trintuvą, supilkite pieną ir sutrinkite iki tyrės. Grįžkite prie patiekalo. Kukurūzų miltus tolygiai sumaišykite su vandeniu ir suberkite į indą. Pagal skonį pagardinkite druska. Virkite neuždengę ant pilnos ugnies 6 minutes, plakdami kas minutę. Leiskite atvėsti. Įmaišykite grietinėlę. Uždenkite ir gerai atvėsinkite. Supilkite į dubenėlius ir kiekvieną porciją pabarstykite laiškiniais česnakais.

Atšaldyta agurkų sriuba su jogurtu

Tarnauja 6-8

25 g/1 uncijos/2 šaukštai sviesto arba margarino

1 didelė česnako skiltelė

1 agurkas, nuluptas ir stambiai sutarkuotas

600 ml/1 pt/2½ puodelio natūralaus jogurto

300 ml/½ pt/1¼ puodelio pieno

150 ml / ¼ pt / 2/3 puodelio šalto vandens

2,5–10 ml/½–2 šaukšteliai druskos

Susmulkintos mėtos, papuošimui

Įdėkite sviestą arba margariną į 1,75 litro / 3 pt / 7½ puodelio indą. Kaitinkite neuždengtą iki galo 1 minutę. Įspauskite česnaką ir suberkite agurką. Virkite neuždengę ant pilnos ugnies 4 minutes, du kartus pamaišydami. Išimkite iš mikrobangų krosnelės. Supilkite visus likusius ingredientus. Uždenkite ir keletą valandų atvėsinkite. Supilkite į dubenėlius ir kiekvieną porciją pabarstykite mėtomis.

Atšaldyta špinatų sriuba su jogurtu

Tarnauja 6-8

25 g/1 uncijos/2 šaukštai sviesto arba margarino
1 didelė česnako skiltelė
450 g/1 svaro jaunų špinatų lapų, susmulkintų
600 ml/1 pt/2½ puodelio natūralaus jogurto
300 ml/½ pt/1¼ puodelio pieno
150 ml / ¼ pt / 2/3 puodelio šalto vandens
2,5–10 ml/½–2 šaukšteliai druskos
1 citrinos sultys

Garnyrui tarkuotas muskatas arba malti graikiniai riešutai

Įdėkite sviestą arba margariną į 1,75 litro / 3 pt / 7½ puodelio indą. Kaitinkite neuždengtą iki galo 1 minutę. Įspauskite česnaką ir suberkite špinatus. Virkite neuždengę ant pilnos ugnies 4 minutes, du kartus pamaišydami. Išimkite iš mikrobangų krosnelės. Blenderiu arba virtuviniu kombainu sutrinkite iki stambios tyrės. Supilkite visus likusius ingredientus. Uždenkite ir keletą valandų atvėsinkite. Supilkite į dubenėlius ir kiekvieną porciją pabarstykite muskato riešutu arba maltais graikiniais riešutais.

Šeriuotų šaldytų pomidorų sriuba

Patiekiama 4-5

300 ml/½ pt/1¼ puodelio vandens

300 ml/10 fl oz/1 skardinė kondensuota pomidorų sriuba

30 ml/2 šaukštai sauso šerio

150 ml/¼ pt/2/3 puodelio dvigubos (sunkios) grietinėlės

5 ml/1 arbatinis šaukštelis Vusterio padažo

Smulkinti česnakai, papuošti

Supilkite vandenį į 1,25 litro / 2¼ pt / 5½ puodelio dubenį ir neuždengę kaitinkite ant Full 4–5 minutes, kol jis tik pradės burbuliuoti. Supilkite į pomidorų sriubą. Kai bus visiškai vientisa, gerai įmaišykite likusius ingredientus. Uždenkite ir atvėsinkite 4–5 valandas. Išmaišykite, supilkite į stiklinius indus ir kiekvieną pabarstykite laiškiniais česnakais.

New England Fish Chowder

Tarnauja 6-8

Visada Šiaurės Amerikoje patiekiamas sekmadienio priešpiečiams, moliuskų sriuba yra pati geriausia klasika, tačiau kadangi moliuskus nėra taip lengva įsigyti, vietoj jo buvo pakeista balta žuvis.

5 dryžuotos šoninės griežinėliai (griežinėliai), stambiai supjaustyti
1 didelis svogūnas, nuluptas ir sutarkuotas
15 ml/1 valgomasis šaukštas kukurūzų miltų (kukurūzų krakmolo)
30 ml/2 šaukštai šalto vandens

450 g/1 svaro bulvių, supjaustytų 1 cm/½ kubeliais

900 ml/1½ pts/3¾ puodeliai karšto pilno grietinėlės pieno

450 g/1 svaras kietos baltos žuvies filė, nuluptos ir supjaustytos kąsnio

dydžio gabalėliais

2,5 ml/½ šaukštelio malto muskato riešuto

Druska ir šviežiai malti juodieji pipirai

Šoninę sudėkite į 2,5 litro / 4½ pt / 11 puodelių dubenį. Sudėkite svogūną ir kepkite neuždengę ant pilnos ugnies 5 minutes. Kukurūzų miltus sklandžiai sumaišykite su vandeniu ir įmaišykite į dubenį. Sumaišykite bulves ir pusę karšto pieno. Virkite neuždengę ant pilnos ugnies 6 minutes, tris kartus pamaišydami. Sumaišykite likusį pieną ir virkite neuždengę ant pilno dangčio 2 minutes. Įdėkite žuvį su muskato riešutu ir pagardinkite pagal skonį. Uždenkite lėkšte ir kepkite ant Full 2 minutes, kol žuvis suminkštės. (Nesijaudinkite, jei žuvis pradėjo pleiskanoti.) Supilkite į gilius dubenėlius ir valgykite iškart.

Krabų sriuba

Tarnauja 4

25 g/1 uncijos/2 šaukštai nesūdyto (saldaus) sviesto

20 ml/4 šaukštelis paprastų (visiems tikslams) miltų

300 ml/½ pt/1¼ puodelio pašildyto grietinėlės pieno

300 ml/½ pt/1¼ puodelio vandens

2,5 ml/½ šaukštelio angliškųjų garstyčių

Šlakelis aitriųjų pipirų padažo

25 g / 1 oz / ¼ puodelio Čedaro sūrio, tarkuoto

175 g/6 uncijos šviesios ir tamsios krabų mėsos

Druska ir šviežiai malti juodieji pipirai

45 ml/3 šaukštai sauso šerio

Įdėkite sviestą į 1,75 litro / 3 pt / 7½ puodelio indą. Ištirpinkite ant Atšildymo 1–1,5 minutės. Įmaišykite miltus. Virkite, neuždengę, ant pilnos ugnies 30 sekundžių. Palaipsniui įmaišykite pieną ir vandenį. Virkite neuždengę ant pilnos ugnies 5–6 minutes, kol masė taps vientisa ir sutirštės, plakdami kas minutę. Įmaišykite visus likusius ingredientus. Virkite neuždengę 1½–2 minutes, du kartus pamaišydami, kol karšta.

Krabų ir citrinų sriuba

Tarnauja 4

Paruoškite kaip krabų sriubą, bet įpilkite 5 ml/1 arbatinį šaukštelį smulkiai tarkuotos citrinos žievelės su likusiais ingredientais. Kiekvieną porciją apibarstykite trupučiu tarkuoto muskato riešuto.

Omarų biskas

Tarnauja 4

Ruoškite kaip krabų sriubą, tačiau pieną pakeiskite viena (lengva) grietinėle, o krabų mėsą – pjaustyta omaro mėsa.

Džiovinta pakelių sriuba

Supilkite pakelio turinį į 1,25 litro/2¼ pt/5½ puodelio indą. Palaipsniui įmaišykite rekomenduojamą šalto vandens kiekį. Uždenkite ir leiskite pastovėti 20 minučių, kad daržovės suminkštėtų. Išmaišykite. Uždenkite lėkšte ir virkite ant Full 6–8 minutes du kartus pamaišydami, kol sriuba užvirs ir sutirštės. Leiskite pastovėti 3 minutes. Išmaišykite ir patiekite.

Konservuota kondensuota sriuba

Supilkite sriubą į 1,25 litro / 2¼ pt / 5½ puodelio matavimo ąsotį. Įpilkite 1 skardinę verdančio vandens ir gerai išplakite. Uždenkite lėkšte ar lėkšte ir kaitinkite ant Full 6–7 minutes, du kartus plakdami, kol sriuba tiesiog užvirs. Supilstykite į dubenėlius ir patiekite.

Sriubų pašildymas

Kad rezultatai būtų sėkmingi, skaidrias arba plonas sriubas pašildykite ant pilnos, o kreminės sriubos ir sultinio – ant Defrost.

Šildantys kiaušiniai virimui

Neįkainojama, jei paskutinę minutę nusprendėte kepti ir jums reikia kambario temperatūros kiaušinių.

1 kiaušiniui:sumuškite kiaušinį į nedidelį indą ar puodelį. Trynį du kartus perdurkite iešmeliu arba peilio galiuku, kad nesuplyštų odelė ir trynys nesprogtų. Uždenkite indą ar puodelį lėkšte. Šildykite atšildydami 30 sekundžių.

2 kiaušiniams:kaip ir 1 kiaušiniui, bet pašildykite 30–45 sekundes.

3 kiaušiniams:kaip ir 1 kiaušinį, bet pašildykite 1–1¼ min.

Virti kiaušiniai

Juos geriausia virti atskirai savo patiekaluose.

1 kiaušiniui:supilkite 90 ml/6 šaukštai karšto vandens į negilų indą. Įpilkite 2,5 ml/½ arbatinio šaukštelio švelnaus acto, kad išvengtumėte baltumo plitimo. Atsargiai įmuškite 1 kiaušinį, pirmiausia sudaužtą į puodelį. Trynį du kartus perdurkite iešmu arba peilio galiuku.

Uždenkite lėkšte ir kepkite ant Full 45 sekundes iki 1¼ minutės, priklausomai nuo to, kiek jums patinka baltymai. Leiskite pastovėti 1 minutę. Išimkite iš indo su skylėta žuvies skiltele.

2 kiaušiniams, virti 2 patiekaluose vienu metu:virkite ant pilno 1½ minutės. Leiskite pastovėti 1¼ minutės. Jei baltymai per skysti, virkite dar 15–20 sekundžių.

3 kiaušiniams, virti 3 patiekaluose vienu metu:virkite ant pilno 2–2½ minučių. Leiskite pastovėti 2 minutes. Jei baltymai per skysti, virkite dar 20–30 sekundžių.

Kepti (troškinti) kiaušiniai

Mikrobangų krosnelė čia atlieka puikų darbą, o kiaušiniai pasirodo minkšti ir švelnūs, visada saulėta puse į viršų ir su baltais krašteliais, kurie niekada nesivelia. Vienu metu nerekomenduojama kepti daugiau nei 2 kiaušinių, nes tryniai iškeps greičiau nei baltymai ir taps kieti. Taip yra dėl ilgesnio kepimo laiko, reikalingo baltymams sustingti. Naudokite porcelianą ar keramiką be jokios puošybos užuominos, kaip tai daroma Prancūzijoje.

1 kiaušiniui:nedidelį porcelianinį arba keramikinį indą lengvai sutepkite tirpintu sviestu, margarinu arba trupučiu švelnaus alyvuogių

aliejaus. Įmuškite kiaušinį į puodelį, tada įdėkite jį į paruoštą indą.
Trynį du kartus perdurkite iešmu arba peilio galiuku. Lengvai
pabarstykite druska ir šviežiai maltais juodaisiais pipirais. Uždenkite
lėkšte ir kepkite ant Full 30 sekundžių. Leiskite pastovėti 1 minutę.
Toliau kepkite dar 15–20 sekundžių. Jei baltymas nepakankamai
sustingęs, virkite dar 5–10 sekundžių.

2 kiaušiniams: kaip ir 1 kiaušinį, bet iš pradžių virkite ant pilno 1
minutę, tada palikite 1 minutę. Virkite dar 20–40 sekundžių. Jei
baltymai nėra pakankamai sustingę, palaukite dar 6–8 sekundes.

Piperade

Tarnauja 4

30 ml/2 šaukštai alyvuogių aliejaus
3 svogūnai, labai plonais griežinėliais
2 žalios (bulgarinės) paprikos, išskobtos ir smulkiai supjaustytos
6 pomidorai, blanširuoti, nulupti, išskobti sėklas ir supjaustyti
15 ml/1 valgomasis šaukštas susmulkintų baziliko lapelių
Druska ir šviežiai malti juodieji pipirai
6 dideli kiaušiniai
60 ml/4 šaukštai dvigubos (sunkios) grietinėlės

Supilkite aliejų į gilų 25 cm/10 skersmens indą ir neuždengę kaitinkite ant Full 1 minutę. Įmaišykite svogūnus ir paprikas. Uždenkite lėkšte ir kepkite ant Defrost 12–14 minučių, kol daržovės suminkštės. Įmaišykite pomidorus ir bazilikus ir pagardinkite pagal skonį. Uždenkite kaip ir anksčiau ir virkite ant Full 3 minutes. Kruopščiai suplakite kiaušinius ir grietinėlę ir pagardinkite pagal skonį. Supilkite į indą ir sumaišykite su daržovėmis. Kepkite neuždengę ant pilnos ugnies 4–5 minutes, kol lengvai suminkštės, kas minutę maišydami. Prieš patiekdami su traškiais skrebučiais uždenkite ir leiskite pastovėti 3 minutes.

Piperade su Gammonu

Tarnauja 4

Paruoškite kaip Piperade, bet patiekite su šaukštu ant keptos (troškintos) duonos porcijų ir ant kiekvienos uždėkite ant grotelių keptos (keptos) arba mikrobangų krosnelėje keptos gammono bėrimo (gabalėlio).

Piperada

Tarnauja 4

Ispanijos Piperade versija.

Paruoškite kaip Piperade, bet į išvirtas daržoves įdėkite 2 susmulkintas česnako skilteles su svogūnais ir žaliąja (bulgarine) paprika ir įdėkite 125 g/4 uncijos/1 puodelį stambiai pjaustyto kumpio. Kiekvieną porciją papuoškite griežinėliais pjaustytomis įdarytomis alyvuogėmis.

Florencijos kiaušiniai

Tarnauja 4

450 g/1 svaro šviežiai virtų špinatų
60 ml/4 šaukštai plaktos grietinėlės
4 plakti kiaušiniai, virti po 2 vienu metu
300 ml/½ pt/1¼ puodelio karšto sūrio padažo arba Mornay padažo
50 g / 2 uncijos / ½ puodelio tarkuoto sūrio

Sumaišykite špinatus ir grietinėlę virtuviniu kombainu arba blenderiu. Išdėliokite į sviestu pateptą negilų karščiui atsparų 18 cm/7 skersmens indą. Uždenkite lėkšte ir kaitinkite ant Full 1½ minutės. Ant viršaus išdėliokite kiaušinius ir aptepkite karštu padažu. Pabarstykite sūriu ir paskrudinkite po karštu griliu (broileriu).

Virtas Rossini kiaušinis

APTARNAVIMAS 1

Taip gausite elegantiškus lengvus pietus su lapinėmis salotomis.

Apkepkite (sauté) arba paskrudinkite nuluptas kvietinių dribsnių duonos riekeles. Užtepkite lygiu kepenėlių paštetu, kuriame, jei kaina leidžia, šiek tiek triufelių. Ant viršaus uždėkite ką tik išvirtų virtų kiaušinių ir nedelsdami patiekite.

Baklažanų kiaušinienė

Tarnauja 4

Izraelio idėja, kuri gerai paverčiama mikrobangų krosnele. Skonis keistai galingas.

750 g/1½ svaro baklažanų (baklažanų)
15 ml/1 valgomasis šaukštas citrinos sulčių
15 ml/1 valgomasis šaukštas kukurūzų arba saulėgrąžų aliejaus
2 svogūnai, smulkiai pjaustyti
2 česnako skiltelės, susmulkintos
4 dideli kiaušiniai
60 ml/4 šaukštai pieno
Druska ir šviežiai malti juodieji pipirai
Karšti sviestu patepti skrebučiai, patiekti

Baklažanų viršų ir uodegą perpjaukite per pusę. Išdėliokite ant didelės lėkštės, nupjaukite šonus žemyn ir uždenkite virtuviniu popieriumi. Kepkite ant pilnos ugnies 8–9 minutes arba kol suminkštės. Minkštimą iš odelių išgriebkite tiesiai į virtuvinį kombainą su citrinos sultimis ir sutrinkite iki stambios tyrės. Supilkite aliejų į 1,5 litro/2½ pt/6 puodelių indą. Kaitinkite neuždengtą įjungtą 30 sekundžių. Įmaišykite svogūnus ir česnakus. Virkite neuždengę ant pilnos ugnies 5 minutes. Kiaušinius išplakite su pienu ir gerai pagardinkite pagal skonį. Supilkite į indą ir plakite su svogūnais ir česnakais ant Full 2 minutes, maišydami kas 30 sekundžių. Sumaišykite svogūnus ir česnakus ir supilkite baklažanų tyrę. Toliau kepkite neuždengę ant pilnos ugnies 3–4 minutes, maišydami kas 30 sekundžių, kol mišinys sutirštės ir kiaušiniai išplaks. Patiekite ant karštų sviestu pateptų skrebučių.

Klasikinis omletas

Tarnauja 1

Lengvos tekstūros omletas, kurį galima patiekti paprastą arba įdarą.

Lydytas sviestas arba margarinas

3 kiaušiniai

20 ml/4 šaukštelio druskos

Šviežiai malti juodieji pipirai

30 ml/2 šaukštai šalto vandens

Petražolės arba rėžiukai, papuošti

Negilų 20 cm/8 skersmens indą ištepkite tirpintu sviestu arba margarinu. Kiaušinius labai gerai išplakti su visais likusiais ingredientais, išskyrus garnyrą. (Kiaušinius lengvai sumušti, kaip tradiciniams omletams, neužtenka.) Supilkite į indą, uždenkite lėkšte ir perkelkite į mikrobangų krosnelę. Kepkite visą 1½ minutės. Atidenkite ir mediniu šaukštu arba šakute švelniai išmaišykite kiaušinių mišinį, iš dalies sustingusius kraštus nukreipdami į centrą. Uždenkite kaip anksčiau ir grąžinkite į mikrobangų krosnelę. Kepkite visą 1½ minutės. Atidenkite ir toliau kepkite 30–60 sekundžių arba kol viršus sustings. Sulenkite į tris dalis ir išdėliokite ant pašildytos lėkštės. Papuoškite ir patiekite iš karto.

Aromatizuoti omletai

Tarnauja 1

Petražolių omletas:ruoškite kaip klasikinį omletą, bet omletui kepus pirmąsias 1½ minutės, pabarstykite kiaušinius 30 ml/2 šaukštais kapotų petražolių.

Laiškinio česnako omletas:ruoškite kaip klasikinį omletą, bet omletui iškepus pirmąsias 1½ minutės, pabarstykite kiaušinius 30 ml/2 šaukštais pjaustytų česnakų.

Vandens rėžiukų omletas:ruoškite kaip klasikinį omletą, bet omletui iškepus pirmąsias 1½ minutės, pabarstykite kiaušinius 30 ml/2 šaukštais susmulkintų kresų.

Omletas aux Fines Herbes:ruoškite kaip ir klasikinį omletą, bet omletui iškepus pirmąsias 1½ minutės, pabarstykite kiaušinius 45 ml/3 šaukštais sumaišytų kapotų petražolių, vyšnios ir baziliko. Taip pat galima įdėti šiek tiek šviežio peletrūno.

Keptas omletas su kalendra:paruoškite kaip klasikinį omletą, bet kiaušinius ir vandenį išplakite su 5–10 ml/1–2 šaukšteliais kario miltelių, druskos ir pipirų. Pabarstykite kiaušinius 30 ml/2 šaukštais kapotos kalendros (kalendros), kai omletas bus kepamas pirmąsias 1,5 minutės.

Sūrio ir garstyčių omletas:ruoškite kaip klasikinį omletą, bet kiaušinius ir vandenį išplakite su 5 ml/1 arbatinio šaukštelio paruoštų garstyčių ir 30 ml/2 a.š. labai smulkiai tarkuoto ir gero skonio kietojo sūrio, be druskos ir pipirų.

Priešpiečių omletas

Patiekiama 1–2

Šiaurės Amerikos stiliaus omletas, tradiciškai patiekiamas sekmadienio priešpiečiams. Pusryčių omletas gali būti pagardintas ir užpildytas kaip klasikinis omletas.

Ruoškite kaip klasikinį omletą, tačiau 30 ml/2 šaukštus vandens pakeiskite 45 ml/3 šaukštais šalto pieno. Atidengus kepkite ant Full 1–1½ minutės. Sulenkite į tris dalis ir atsargiai padėkite ant lėkštės.

Virtas kiaušinis su lydytu sūriu

Tarnauja 1

1 riekelė karšto sviestu patepto skrebučio
45 ml/3 šaukštai grietinėlės sūrio
Pomidorų kečupas (catsup)
1 plaktas kiaušinis
60–75 ml/4–5 šaukštai tarkuoto sūrio
paprika

Skrebučius aptepkite kreminiu sūriu, tada pomidorų kečupu. Padėkite ant lėkštės. Ant viršaus užpilkite virtų kiaušinių, tada apibarstykite

tarkuotu sūriu ir pabarstykite paprika. Kaitinkite neuždengtą ant
Atšildymo 1–1,5 minutės, kol sūris pradės tirpti. Valgykite iš karto.

Benedikto kiaušiniai

Patiekiama 1–2

*Jokie Šiaurės Amerikos sekmadienio priešpiečiai neapsieitų be „Eggs
Benedict" – žiauriai turtingo kiaušinių mišinio, kuris nepaiso visų
kalorijų ir cholesterolio apribojimų.*

Padalinkite ir paskrudinkite bandelę arba blyną. Ant viršaus uždėkite
gabalėlį (griežinėlį) įprastu būdu keptos (keptos) švelnios šoninės, tada
abi puses aptepkite ką tik iškeptu kiaušiniu. Aptepkite Hollandaise
padažu, tada lengvai pabarstykite paprika. Valgykite iš karto.

Omletas Arnoldas Bennettas

Tarnauja 2

*Teigiama, kad jį sukūrė Londono „Savoy" viešbučio šefas garsaus
rašytojo garbei, tai yra monumentalus ir įsimintinas omletas
kiekvienai iškilmingai dienai ir šventei.*

175 g/6 uncijos rūkytos juodadėmės menkės arba menkės filė
45 ml/3 šaukštai verdančio vandens
120 ml / 4 fl uncijos / ½ puodelio crème fraîche
Šviežiai malti juodieji pipirai
Lydytas sviestas arba margarinas, teptuku

3 kiaušiniai

45 ml/3 šaukštai šalto pieno

Žiupsnelis druskos

50 g / 2 uncijos / ½ puodelio spalvoto Cheddar arba Red Leicester

sūrio, tarkuoto

Įdėkite žuvį į negilų indą su vandeniu. Uždenkite lėkšte ir kepkite ant Full 5 minutes. Leiskite pastovėti 2 minutes. Nusausinkite ir šakute susmulkinkite minkštimą. Įpilkite crème fraîche ir pagal skonį pagardinkite pipirais. 20 cm/8 skersmens negilų indą ištepkite tirpintu sviestu arba margarinu. Kiaušinius gerai išplakti su pienu ir druska. Supilkite į indą. Uždenkite lėkšte ir kepkite ant „Full" 3 minutes, įpusėjus kepimui perkeldami nustatymo kraštus į centrą. Atidenkite ir kepkite ant pilnos ugnies dar 30 sekundžių. Aptepkite žuvies ir grietinėlės mišiniu ir pabarstykite sūriu. Virkite neuždengę ant pilnos ugnies 1–1,5 minutės, kol omletas bus karštas ir sūris išsilydys. Padalinkite į dvi porcijas ir patiekite iš karto.

Tortilija

Tarnauja 2

Žinomas ispaniškas omletas yra apvalus ir plokščias kaip blynas. Patogiai dera su duonos gabalėliais ar bandelėmis ir traškiomis žaliomis salotomis.

15 ml/1 valgomasis šaukštas sviesto, margarino arba alyvuogių aliejaus

1 svogūnas, smulkiai pjaustytas

175 g / 6 uncijos virtų bulvių, supjaustytų kubeliais

3 kiaušiniai

5 ml/1 šaukštelis druskos

30 ml/2 šaukštai šalto vandens

Į gilų 20 cm/8 skersmens indą sudėkite sviestą, margariną arba aliejų. Kaitinkite atšildydami 30–45 sekundes. Įmaišykite svogūną. Uždenkite lėkšte ir kepkite ant Defrost 2 minutes. Įmaišykite bulves. Uždenkite, kaip ir anksčiau, ir virkite ant Full 1 minutę. Išimkite iš mikrobangų krosnelės. Kiaušinius gerai išplakite su druska ir vandeniu. Tolygiai užpilkite ant svogūnų ir bulvių. Kepkite neuždengę ant pilnos ugnies 4,5 minutės, vieną kartą apversdami indą. Leiskite pastovėti 1 minutę, tada padalinkite į dvi dalis ir kiekvieną porciją perkelkite į lėkštę. Valgykite iš karto.

Ispaniškas omletas su daržovių mišiniais

Tarnauja 2

30 ml/2 šaukštai sviesto, margarino arba alyvuogių aliejaus

1 svogūnas, smulkiai pjaustytas

2 pomidorai, nulupti ir supjaustyti

½ mažos žalios arba raudonos (bulgarinės) paprikos, smulkiai

supjaustytos

3 kiaušiniai

5–7,5 ml/1–1½ šaukštelio druskos

30 ml/2 šaukštai šalto vandens

Į gilų 20 cm/8 skersmens indą sudėkite sviestą, margariną arba aliejų. Kaitinkite ant Defrost 1½ minutės. Sumaišykite svogūną, pomidorus ir kapotus pipirus. Uždenkite lėkšte ir kepkite ant Defrost 6–7 minutes, kol suminkštės. Kiaušinius gerai išplakite su druska ir vandeniu. Tolygiai užpilkite ant daržovių. Uždenkite lėkšte ir kepkite ant Full 5–6 minutes, kol kiaušiniai sustings, vieną kartą apversdami indą. Padalinkite į dvi dalis ir kiekvieną porciją perkelkite į lėkštę. Valgykite iš karto.

Ispaniškas omletas su kumpiu

Tarnauja 2

Ruoškite kaip ispanišką omletą su mišriomis daržovėmis, tačiau į daržoves įpilkite 60 ml/4 šaukštai stambiai pjaustyto ore džiovinto ispaniško kumpio ir 1–2 sutrintas česnako skilteles ir kepkite 30 sekundžių ilgiau.

Sūrūs kiaušiniai salierų padaže

Tarnauja 4

Trumpas pietų ar vakarienės patiekalas, tinkantis vegetarams.

6 dideli kietai virti (kietai virti) kiaušiniai, nulupti ir perpjauti per pusę
300 ml/10 fl oz/1 skardinė kondensuotos salierų sriubos
45 ml/3 šaukštai grietinėlės pieno
175 g / 6 uncijos / 1½ puodeliai Čedaro sūrio, tarkuoto
30 ml/2 šaukštai smulkiai pjaustytų petražolių
Druska ir šviežiai malti juodieji pipirai
15 ml/1 valgomasis šaukštas skrudintų džiūvėsėlių
2,5 ml/½ šaukštelio paprikos

Kiaušinių puseles sudėkite į gilų 20 cm/8 skersmens indą. Atskirame dubenyje ar inde švelniai sumaišykite sriubą ir pieną. Kaitinkite neuždengtą ant viso 4 minutes, kas minutę plakdami. Sumaišykite pusę sūrio ir neuždengę kaitinkite ant Full 1–1,5 minutės, kol išsilydys. Įmaišykite petražoles, pagardinkite pagal skonį, tada šaukštu uždėkite ant kiaušinių. Pabarstykite likusiu sūriu, džiūvėsėliais ir paprika. Prieš patiekdami apkepkite po karštu griliu (broileriu).

Kiaušiniai Fu Yung

Tarnauja 2

5 ml/1 valgomasis šaukštas sviesto, margarino arba kukurūzų aliejaus
1 svogūnas, smulkiai pjaustytas

Sviestą, margariną ar aliejų sudėkite į gilų 20 cm/8 skersmens indą ir neuždengę kaitinkite ant Defrost 1 minutę. Sumaišykite susmulkintą svogūną, uždenkite lėkšte ir kepkite ant pilno 2 minutes. Įmaišykite žirnelius, pupelių daigus ir grybus. Uždenkite kaip ir anksčiau ir virkite ant Full 1½ minutės. Išimkite iš mikrobangų krosnelės ir išmaišykite. Kiaušinius gerai išplakite su druska, vandeniu ir sojos padažu. Tolygiai užpilkite ant daržovių. Virkite neuždengę ant pilnos ugnies 5 minutes, du kartus apversdami. Leiskite pastovėti 1 minutę. Padalinkite į dvi dalis ir kiekvieną perkelkite į pašildytą lėkštę. Papuoškite laiškiniais svogūnais ir patiekite iš karto.

Picos omletas

Tarnauja 2

Naujovė pica, pagrindas pagamintas iš plokščio omleto, o ne mielinės tešlos.

15 ml/1 valgomasis šaukštas alyvuogių aliejaus

3 dideli kiaušiniai

45 ml/3 šaukštai pieno

2,5 ml / ½ šaukštelio druskos

4 pomidorai, blanširuoti, nulupti ir supjaustyti griežinėliais

125 g / 4 uncijos / 1 puodelis Mocarelos sūrio, tarkuoto

8 konservuoti ančiuviai aliejuje

8–12 juodųjų alyvuogių be kauliukų

Supilkite aliejų į gilų 20 cm/8 skersmens indą ir neuždengę kaitinkite ant Defrost 1 minutę. Kiaušinius labai gerai išplakti su pienu ir druska. Supilkite į indą ir uždenkite lėkšte. Kepkite ant Full 3 minutes, įpusėjus kepimui perkeldami nustatymo kraštus į patiekalo centrą. Atidenkite ir kepkite ant pilnos ugnies dar 30 sekundžių. Aptepkite pomidorais ir sūriu, tada papuoškite ančiuviais ir alyvuogėmis. Virkite neuždengę ant pilnos ugnies 4 minutes, du kartus apversdami. Padalinkite į dvi dalis ir iš karto patiekite.

Suflė omletas

Tarnauja 4

1 labai šviežias karpis, išvalytas ir supjaustytas į 8 plonus griežinėliais

30 ml/2 šaukštai salyklo acto

3 morkos, plonais griežinėliais

3 svogūnai, plonais griežinėliais

600 ml/1 pt/2½ stiklinės verdančio vandens

10–15 ml/2–3 šaukšteliai druskos

Karpius nuplaukite, tada pamerkite 3 valandas šaltame vandenyje, į kurį įpilta acto, kad apsemtų žuvį. (Tai pašalina purvo skonį.) Morkas ir svogūnus sudėkite į gilų 23 cm/9 skersmens indą su verdančiu vandeniu ir druska. Uždenkite lipnia plėvele (plastikine plėvele) ir du kartus perpjaukite, kad išeitų garai. Kepkite ant pilno 20 minučių, keturis kartus apversdami indą. Nusausinkite, palikdami skystį. (Daržovės gali būti naudojamos kitur žuvies srioboje ar bulvytėse.) Supilkite skystį atgal į indą. Įdėkite karpį vienu sluoksniu. Uždenkite kaip anksčiau ir kepkite ant Full 8 minutes, du kartus apversdami indą. Leiskite pastovėti 3 minutes. Žuvies gabalėliu perkelkite karpį į negilų indą. Uždenkite ir atvėsinkite. Supilkite skystį į ąsotį ir atvėsinkite, kol jis lengvai sutirštės. Šaukštu užpilkite želė ant žuvies ir patiekite.

Rollmops su abrikosais

Tarnauja 4

75 g/3 uncijos džiovintų abrikosų
150 ml / ¼ pt / 2/3 puodelio šalto vandens
3 nusipirkau rollmops su pjaustytais svogūnais
150 g/5 uncijos/2/3 puodelio crème fraîche
Sumaišyti salotų lapai

Abrikosus nuplaukite ir supjaustykite kąsnio dydžio gabalėliais. Sudėkite į dubenį su šaltu vandeniu. Uždenkite apversta lėkšte ir kaitinkite ant Full 5 minutes. Leiskite pastovėti 5 minutes. Nusausinkite. Rollmops supjaustykite juostelėmis. Sudėkite į abrikosus su svogūnais ir crème fraîche. Gerai ismaisyti. Uždenkite ir palikite marinuotis šaldytuve 4–5 valandas. Patiekite ant salotų lapų su traškia duona.

Pagamintas Kipperis

Tarnauja 1

Mikrobangų krosnelė sustabdo kvapo skverbimąsi į namus, o kiperis tampa sultingas ir švelnus.

1 didelis nedažytas kiperis, apie 450 g/1 svaras
120 ml / 4 fl uncijos / ½ puodelio šalto vandens

Nupjaukite kiperį, išmeskite uodegą. Pamirkykite 3–4 valandas kelis kartus pakeistame šaltame vandenyje, kad sumažintumėte sūrumą, jei norite, tada nusausinkite. Sudėkite į didelį, negilų indą su vandeniu. Uždenkite lipnia plėvele (plastikine plėvele) ir du kartus perpjaukite, kad išeitų garai. Kepkite iki galo 4 minutes. Patiekite ant pašildytos lėkštės su sviesto arba margarino gumuliu.

Krevetės Madras

Tarnauja 4

25 g/1 uncijos/2 šaukštai ghi arba 15 ml/1 valgomasis šaukštas žemės riešutų aliejaus
2 svogūnai, susmulkinti
2 česnako skiltelės, susmulkintos

15 ml/1 valgomasis šaukštas karšto kario miltelių

5 ml/1 šaukštelis maltų kmynų

5 ml/1 šaukštelis garam masala

1 nedidelės žaliosios citrinos sultys

150 ml / ¼ pt / 2/3 puodelio žuvies arba daržovių sultinio

30 ml/2 šaukštai pomidorų tyrės (pastos)

60 ml/4 šaukštai sultonų (auksinių razinų)

450 g / 1 svaras / 4 puodeliai nuluptų krevečių (krevečių), atšildytų, jei sušaldytos

175 g/6 uncijos/¾ puodelio ilgagrūdžių ryžių, virti

Popadoms

Sudėkite ghi arba aliejų į gilų 20 cm/8 skersmens indą. Kaitinkite neuždengtą iki galo 1 minutę. Kruopščiai sumaišykite su svogūnais ir česnakais. Virkite, neuždengę, ant pilnos ugnies 3 minutes. Įpilkite kario miltelių, kmynų, garam masala ir laimo sulčių. Virkite neuždengę ant pilnos ugnies 3 minutes, du kartus pamaišydami. Įpilkite sultinio, pomidorų tyrės ir sultonų. Uždenkite apversta lėkšte ir kepkite ant Full 5 minutes. Jei reikia, nusausinkite krevetes, tada sudėkite į indą ir išmaišykite, kad susimaišytų. Virkite neuždengę ant pilno dangčio 1½ minutės. Patiekite su ryžiais ir popadomis.

Martini plekšnių suktinukai su padažu

Tarnauja 4

8 plekšnių filė, po 175 g/6 uncijos, nuplauti ir išdžiovinti

Druska ir šviežiai malti juodieji pipirai

1 citrinos sultys

2,5 ml/½ šaukštelio Vusterio padažo

25 g/1 uncijos/2 šaukštai sviesto arba margarino

4 askaloniniai česnakai, nulupti ir supjaustyti

100 g / 3½ uncijos / 1 puodelis virto kumpio, supjaustyto juostelėmis

400 g/14 uncijų grybų, plonais griežinėliais

20 ml/4 šaukštelis kukurūzų miltų (kukurūzų krakmolo)

20 ml/4 šaukštelio šalto pieno

250 ml / 8 fl uncijos / 1 puodelis vištienos sultinio

150 g / ¼ pt / 2/3 puodelio vienos (lengvos) grietinėlės

2,5 ml/½ šaukštelio smulkaus cukraus

1,5 ml/¼ šaukštelio ciberžolės

10 ml/2 šaukštelis martini bianco

Pagardinkite žuvį druska ir pipirais. Marinuokite citrinos sultyse ir Vusterio padaže 15–20 minučių. Puode (keptuvėje) ištirpinkite sviestą arba margariną. Suberkite askaloninius česnakus ir švelniai pakepinkite (troškinkite), kol suminkštės ir pusiau skaidrus. Sudėkite kumpį ir grybus ir maišydami pakepinkite 7 minutes. Kukurūzų miltus sumaišykite su šaltu pienu iki vientisos masės ir sudėkite likusius ingredientus. Plekšnių filė susukite ir susmulkinkite kokteilių lazdelėmis (dantų krapštukais). Išdėliokite į gilų 20 cm/8 skersmens indą. Aptepkite grybų mišiniu. Uždenkite lipnia plėvele (plastikine plėvele) ir du kartus perpjaukite, kad išeitų garai. Kepkite iki galo 10 minučių.

www.ingramcontent.com/pod-product-compliance
Lightning Source LLC
Chambersburg PA
CBHW051054050726
47592CB00002B/530